品嘗好書 冠群可期

生活廣場 15

解讀命運密碼

郭宗德／編著

品冠文化出版社

自序

初次接觸命相學，是在服預官役時，當時利用休假時間研讀易經、紫微斗數的書。第一次算命的對象是我連上的長官，結果卻令我頗為尷尬，因為命書上寫的他是幼時父母雙亡，寄養於叔伯家的命，最適於軍職。當時我真不知該如何啟口，只好把命盤給他，請他自己去查看，後來他告訴我，他就是孤兒，小時候寄養在伯父家，而他正是職業軍人，這結果令我非常驚訝。

另外，有件確實發生在我周遭，卻是很難理解的事，就是當事人發生重大災難，眾人都難以理解，好端端的人為什麼會這樣。事隔一段時間後，有人不巧從農民曆查知當天他被沖到，而且正好是前往書上所指的方位。

從以上的例子，我們應該這麼認為，科學是在解釋大自然的現象，命相學可能只是一種統計的結果，雖然不知道原理，卻必然有其科學規則可循。

當今社會不乏令人敬重的大師，也充斥著招搖撞騙的神棍，本書提出科學的命運觀，絕不是提倡相信命運、鼓勵迷信，而是要藉此引導走出命運的悲情。

我曾親自走訪通靈、附身的一些隨緣收費的靈異服務，真可說是門庭若市，一般大眾都深信不疑，唯經我仔細觀察後，發現卻是有許多破綻。當初宋七力的分身術，時至今日身陷囹圄，仍有傳出他在國外現身的說法，「分身」在近代物理學的時空觀裏，似乎有點可行，若果屬實，須個諾貝爾物理獎給他，都還不足以推崇呢。

目前台灣算命之風非常盛行，像收視率頗高的「非常男女」等綜藝節目，都不忘請星座專家，或鐵口直斷的半仙等來論斷一番；股市也流行以易經、節氣來預測行情的說法；每年的開始，媒體都會請相學大師，預卜未來一年國家的運勢；年輕人初相識時，更是先問對方的星座，來瞭解其性格，當作交往的參考；街上命相館各鄉鎮可見，書店裏命相學的書，林林總總絕不可少。

學科學的人實在不該迷信，在同儕中，我是最不信邪的異類，後來幾次幫人算命，雖然當事人都說有準，我則認為模稜兩可居多。有人說沒有自信的人、受到挫折的人，還有女性朋友，較容易相信算命，然而相信命相學、相信風水的人多的是知名的達官貴人，甚至在高科技的矽谷，科技公司的老闆更不忘找人替公司看風水。

我後來投入不少心力於紫微斗術、奇門遁甲、風水、西洋星座等的研究，也接觸過禪坐、氣功等，愈發覺得其深奧，這些學問，絕非一般術士短期間即能瞭解其真髓的。

我在大學時，及後來離開第一份工作的氣象局，負笈美國攻讀碩士、修博士，所學都跟太空科學、電漿工程相關。以至後來任職於研究機構，曾擔任國家電力標準的負責人，又轉負責紅外線檢測實驗室，都一直思索這問題。

直覺上算命跟大自然磁場的變化有關連，至少從科學角度的尺度分析，其他的因素都因影響太小而予以忽略；古代的人，他們所採用的天體運行法則，雖然最後的結果相近，但強調的應該只是重力的影響，是無心插柳的結果。

又如，關於生物的電磁效應、量子醫學、氣功養生的時辰觀點、早晨出生的小孩較健康……等，最近的科學研究都已證實，這都更加深了此一信念，大有一吐為快之感。

本書的內容不是我對命運密碼下的結論，而只是提出一些獨特的看法，甚至引用了馬克士威爾的電磁定律，來解釋一些命運屬靈的問題，以供有志之士研究的開端，本書若能獲得讀者肯定，則先要感謝諸多先進們的研究報告給我的啟示。

目錄

1. 生命的時空背景

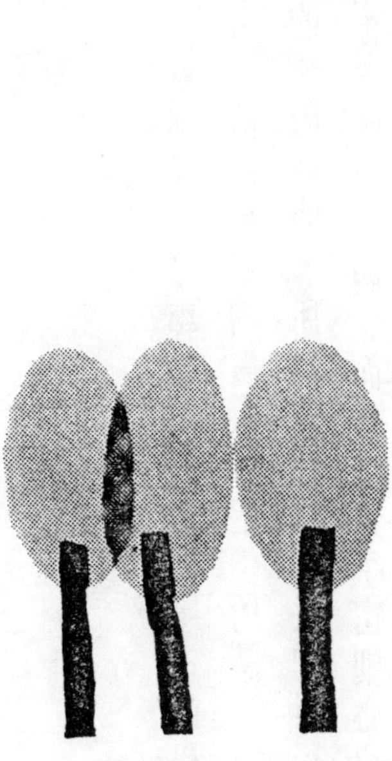

宇宙的時間與空間

命相學的起源，大半來自《易經》，易經是一門探索宇宙的學問，所謂「宇」，是指上下四方，浩瀚無垠的廣大天空；所謂「宙」，是指物換星移，古往今來的無限時間。所以，要以現代的科學觀點來瞭解易經，必先要探索現代的宇宙觀；而要探索宇宙則必須瞭解宇宙的時間與空間。

愛因斯坦的狹義及廣義相對論改變了人類對時空的看法，知道時間並非絕對，空間也會扭曲。相對論發展的時空科學更演繹出「大霹靂理論」，證明宇宙是慢慢膨脹的，由此往前追溯……，回到宇宙的起源，推論他是一個很小卻密度無限大的奇異點。

宇宙有多大，大約是兩百億光年（＊），人的尺寸爲100(=E2)cm，地球的尺寸就有1000000000(E9)cm，宇宙的就是100000000000000000000000000000(E29)cm；尺寸可以有多小，IC的製程約在(E-6)，原子核的大小(E-14)。宇宙誕生以來，約有兩百億年，地球的壽命約四十六億年，人類約只能活一百年，敝人曾參與噴泉式銫原子鐘的研發，國際上最準約可到(E-14)秒。

＊光年：光一年所走的距離，光一秒可走3Ｘ(E10)cm。

※　※

人類的起源

地球的壽命據估計爲四十六億年，生命的起源，是由無機物變成有機物，再是有機物變成高分子，然後再從具有膜的外壁包含小球等過程，因雷的放電、太陽的紫外線、源自火山活動的熱、隕石的衝擊等巨大能量，使得大氣成分得以生成氨基酸、核糖核酸RNA、去氧核糖核酸DNA等(一九五三年米勒實驗即初步證實)，再經由生物的演化過程，由單細胞到多細胞，慢慢演化出人類。

所以人類在宇宙中，生命不足一剎那，存在不到滄海之一粟。

科學的倍數成長

是該慶幸，還是該悲哀？——我們生長在一個十倍速的時代。

在西元前一萬年時，全世界人口約只有一百萬，在西元元年時達到二．七五億人，一七〇〇年約五．七億人，一八〇〇年約八．六億人，而現在全世界已達七十億人。

古代教育是少數人的權利，而現代的教育普及，人口眾多，所以科技的發展一日千里，對宇宙與生命的瞭解，自然比古人透徹，我們是處在一個十倍速的時代。

五〇〇〇年前，人類開始有了文字歷史的記載，這段期間，科技的發展都是零落沒有系統的，一直要到十八世紀的工業革命，才掀起了科技的競賽。

一七六七年的第一輛火車，開啓了人類交通時代，一九一一年首度飛上天空，一九六九年美國將阿姆斯壯送上月球，使得嫦娥奔月的美麗故事幻滅，一九四五年的原子彈改變了人類戰爭的型態。

十九世紀的電話、發電機，二十世紀的ＴＶ、ＰＣ、ＩＣ、網路，二〇〇〇年人類解讀ＤＮＡ，開啓生物科技的時代等，在在都改變了前人的世界觀，所以算命也要跟著邁入科學時代。

外太空生物

人類在宇宙中必然不是唯一的，ＵＦＯ及外太空生物的來訪流傳已久，只是迄今並沒有確切的證據，人類也透過巨大的接收與發送裝置，試圖和外太空的智慧生命聯繫，但到目前爲止仍沒有具意義的訊息。

原始人類的誕生，比較地球的歷史，只是短短的幾百萬年，而依照地球的科技發展始，近百年來才得以在資訊與航太有突破性的發展，所以，外太空的生命可能是停留在類似地球的侏儸紀，或已是幾千幾萬年後地球的科技，今天我們正開始邁入二十一世紀，人們若想完整預測二十一世紀末的科技，就已是困難重重，你想那外星人的世界會是怎樣的世界。

〈命運小語〉

＊愛因斯坦的狹義及廣義相對論改變了人類對時空的看法，知道時間可以膨脹變緩，可以縮短，空間也會扭曲，賦予牛頓力學描述的我們眼中的世界，及馬克士威爾的電磁學新的觀點。愛因斯坦說上帝是存在的，我想人類必然要經歷在神創造的宇宙的規範下，被註定的命運。

＊愛因斯坦晚年致力於統一場論，即是要找出重力、電磁力及核子內的強及弱作用力，宇宙間四大力之間的關連。牛頓發現的重力，和電磁力則是宇宙中影響我們的主要力量。

＊有別於固、液、氣物質三態，物質的第四態——電漿（plasma—或稱等離子體）是組成宇宙九十九％的物質，也是佔據地球上空，造成地球變動磁場的物質。

＊外星人的命運是否同樣受電磁場的影響？

2. 什麼是命運

命運的涵義

命運的涵義，或說成功的涵意，是因人、因時、因地而異，是一種價値觀的選擇趨向。民初的詩人徐志摩是個多情才子，他與林徽音的戀情，成爲人們傳頌的史歌，徐志摩認爲「戀愛是生命的精華，戀愛的成功就是生命的成功」。

對久病或癌症病人，健康才是真正的成功，畢竟除了活下去，也缺少了其他奮鬥的目標，台灣歌手薛岳的一首「如果還有明天」，道盡了他最深切的期盼；而對經濟拮据的人，像貧困地區的人們，不惜出賣自己的腎、肝，或挺而走險，爲了小錢，觸犯重刑，他們的成功自然就是賺大錢。

命相學裏的表面涵義，是由出生年月日時，共四柱八字，及手相、面相、姓名學等而來。蔣介石先生的「生活的目的在增進人類全體的生活，生命的意義在創造宇宙繼起之生命」，更是道破人生最基本的意義。

和李登輝或陳水扁同時出生的人，會有相同命運嗎？必然不是的，其實來自上一代的遺傳，即遺傳基因DNA是很重要的，另外努力與機運也不可少。

古時候的剖腹產，也稱帝王生育法，爲的是選一個好時辰，然而這種強迫式的時辰，會和自然生產有相同效果嗎？

常見的算命法

中國人喜歡算命，自古皆然，卜卦等也在皇朝統治歷史，佔有一席之地。中國大陸歷經文化大革命後，算命似乎不及台灣來得普遍。而許多相士不以易經、紫微斗數等正統方法來算，卻導入怪力亂神，像通靈、養小鬼等方法，甚者裝神弄鬼，騙財騙色，在在都讓命相學蒙上陰影。

算命的方法不勝枚舉，僅舉例如下：

面相學

俗云「相由心生」，相是一個人心態形諸於外的表徵，也是心路歷程的記錄。一個神情愉快的人，境遇多半順遂；臉部神情憔悴的人，命運多半坎坷。

科學家發現人類顴骨下顎結構，和智慧高低有關，所以我們看唐氏症患者，他們的長相都相當神似。另外，有些算命也是以察言觀色、分析心理、穿著舉止及言談等來定論。

眉濃情濃，眉淡情淡，眉開眼笑，看不開則眉頭深鎖。古之聖賢，察其人則觀其形，觀其形則知其性，知其性則盡知其心，盡知其心則知其道，觀形則善惡分，識性則吉凶顯著。

歷代帝王也以「相」爲擇人參考，史上記載因其貌不揚，而在殿試後被摘下狀元冠的也不乏其人。

頭圓額廣天倉滿，是吉相的特徵，論相應「內相」及「外相」並重，有說「相由心生」，若能改變心性，面相亦會改變，運程隨之改變。所以有云：「四十歲以後，要對自己的相貌負責。」

紫微斗數

紫微斗數相傳爲宋朝陳希夷發明，流傳本爲淸朝同治年間刻印，紫微斗數可說是目前最盛行的算命法，它將人類命運分成一百四十四種組合，預測人生的可能趨勢。

紫微斗數的方法是以月份及時辰，定出命宮（地球公轉及自轉的位置），命宮就是與生俱來的本質，用年份及命宮位置計算出五行局數，再用之與生日日期（月球公轉）定出紫微星，以紫微星依序排列出十三顆主星，若加計輔星，可達到一〇八顆以上，就可得到命盤，再根據各星宿的特質及其坐落的位置來論命。

紫微斗數是以北極星爲紫微星，以北極星不動，所有的星，三垣二十八宿都環繞它旋轉。幾千年後的今天，這都必須考慮到天體運行的誤差，推演其影響，若是照本宣科，食古不化，命運是測不準的。

易經

易經又稱「周易」，是周朝人占卜之書，其組成以陽爻（⚊）與陰爻（⚋）爲基本符號，再取三爻行成一卦，遂得八卦，命名爲乾、坎、艮、震、巽、離、坤、兌。再以八卦重疊，得六十四重卦。每一重卦爲一單位，含有六爻。每爻又有動靜之分；每卦有卦辭，每爻有爻辭，各成吉凶之相象。

占時若六爻不動，則以卦辭判吉凶，若有變爻，則以爻辭判吉凶。至於決定變動之規則，古法原已失傳，後來占易法繁多，如朱熹亦有訂定，現代多以高亨版爲之。

奇門遁甲

奇門遁甲是以易經八卦、河圖、洛書爲理論基礎，進一步綜合了星相曆法、天文地理、干支四柱、陰陽五行、四時五方、六壬七曜、八門九星等等。

相傳源自黃帝命風后所創的，興盛於南北朝。

奇門遁甲有法奇門和術奇門，法奇門已經失傳，法奇門是為道家以符籙加之運用，功用之大相當驚人，幾乎可以奪天地之造化。在正式的史書記載，紀曉嵐的《閱微草堂》筆記中曾提及法奇門，但後來失傳了，現在傳下來的只剩術奇門。

「奇門遁甲」是門高階的預測學，古代稱為「帝國之學」，意謂這是一門莫測高深的學問，一般百姓是不能學的，而帝王也怕一般百姓，學來當作叛亂之術，所以這書在坊間也是不容易見到。

奇門遁甲在軍事上有其重要的用途，自古兵家、政治家用它來預測事物，判斷吉凶，尋找時機反敗為勝，如漢代的張良、三國時的諸葛亮、北宋吳用及明初劉伯溫等，都是這方面的專家。

風水

風水的科學觀點是利用公式、法則，分析各人不同的磁場屬性，再在個人空間做磁場調整(例如：傢俱、門窗、方位等)，使個人與大磁場的頻率、方向及強度相容，使神清氣爽，吸收好的氣。然則這在科學上應是相當複雜的運算，絕非一眼即可定論。

風水講的是「氣場」與「磁場」，也強調生命的三要素——陽光、空氣及水，陽光要充足，視線要好，所以壁刀是陽宅的忌諱，另外也要避免穢氣緊臨臥室，或住在排放污染的化工廠區，至於水，風水師以之改運，實則房間的濕度亦應是考量的重點，濕度高易導致過敏、氣喘等。

中國人較喜歡「坐北朝南」的房子，這和我們居住在北半球有關，這是考慮到光線與季風的關係，然而現代高樓林立，所以古代陽宅學應與近代不同，不應不知變通，今天如果你移民到澳洲，居住在南半球，更須大修正。

風水可說是古人經驗與技術的累積，但如果你知道古人的世界觀是以中國大陸爲中心，因爲「地球是圓的」也只是幾百年前的發現，對宇宙的認識，古人更是欠缺呢。

西洋星座與占星術

占星術始於紀元前三千年間埃及人的一種龐大的統計記錄。古代的埃及，天文學極其發達，他們不僅精密地觀測各星座的位置和

圖 1. 這張歐洲中古時期的插圖，隱喻婦女的情緒容易受到月亮圓缺的影響

行星的運行，還精密地記錄每個人出生時期，個人性格及其往後的命運。

這種記錄在日本江戶時代的檀家組織也有。占星術經過三千年的天體觀測和人生實際統計，自然地導出命相學的經驗法則。

西洋的占星術是依黃道十二宮，十二星座的變化發展來的。「中古世紀以來占星術所說，天體和地面之間存在著不只是偶然一致的事物，還有兩種新科學——太陽預測學和月球預測學。從這兩種新科學可能預知事物的循環，社會現象亦同。」

被譽爲希臘「歷史家之父」的荷勞道斯，在他所著的古代世界見聞書《歷史》當中，關於埃及人有如下的記載：

「年曆上不同的月或日，代表著某一個神祇。埃及人探求著不同日子出生的人，以後帶有什麼運勢，會是成爲什麼人物，會如何地死亡等知識，而希臘人把這些知識利用在文學戲劇上。」

依照古來的占星術，影響到地球上人類的不止是太陽或月亮。水星、金星、火星、木星等諸行星的運行狀態，以及黃道十二宮的星座也有關。

在星相學上，獅子代表力量，所以獅子座的人充滿活力，在別人面前勇氣十足的表現自己之意見，性格強烈。雙子表示溫柔，星星決定了我們的命運。

五大行星各有各的特質。例如金星表示愛情和溫柔，又稱爲小吉星；火星則視爲小凶星，表示力量、活力和好鬥；水星的運氣好，擅於溝通、交際；木星是最大的行星，代表權力、秩序和平衡；至於土星，顏色呈灰白色，被當成大凶星，表示無能、霉運。

所謂黃道乃是天體上太陽軌道。換句話說，就是沿著「環繞太陽周圍的地球軌道」的星座。從牧羊座起，依序是金牛座、雙子座、巨蟹座、獅子座、處女座、天秤座、天蠍座、射手座、山羊座、水瓶座、雙魚座。由於各個季節的太陽和行星的位置關係而影響到個人及其生活等。

天文學家說的白羊星座，星相學家說的白羊宮，在西元前二世紀時，這是相同的，但在今天卻是不同的，例如，當天宮圖說太陽進入白羊宮時，它今日實際進入了雙魚星座。不過有星相學者認爲，兩千年前白羊星座所在的區域，至今仍保有此星座的特性。

命相學能預測什麼？

IQ／EQ／HQ

有說「人生的結果主要由個性造成的」，西洋星座對個性的預測，有其準確性，再加之淺顯易使用，所以廣受一般年輕大眾的喜愛，現代年輕人剛認識時，最常問的問題，不外是「你是屬什麼星座的？」「你是什麼血型？」

星相學在歐洲也相當盛行過。諾斯特拉達穆斯（一五〇五—一五六六），是史上最偉大的星相學家之一，他所著的《星相學寶鑑》是十六世紀末的暢銷書，他寫道：既然每個人都想知道自己的未來，我也就樂於從事星相家，解說天上的訊息。星相的重要，希臘天文學家托勒密早已有了證明，所有星相學家和煉金術士都相信，天體主宰地球上的事物。同樣的，人可用自己的意志來抵制恆星和行星的影響，亞里斯多德更證明，人們可以謹慎地避開危險，因此，人都該盡力抵制星星的影響。

圖 2. 諾斯特拉達穆斯(1505-1566)，是史上最偉大的星相學之一，他所著的《星相學寶鑑》是 16 世紀末的暢銷書

書中寫道，只要願意，運用你的智慧，就能消除星星有害的影響，這並不困難。人必須祈求天上的神大發慈悲，同時依靠自己的明智，沒有任何事是確定不變的。

書中也指出，十二月出生的婦女，和藹可親，髮色紅棕。但大部分頭髮顏色淡褐，體毛色黑，眉毛漂亮。眼睛可能是藍色、綠色、棕色或黑色。但不管眼珠是什麼顏色，沒有人會有黑色的頭髮。她身材優美，頭上、手臂上或體部可能有印記。

年輕時，她皮膚不黑也不白，容易發怒，不信宗教，也不相信任何人。她十分能幹，容易樹敵，在盛怒之下會出手傷人，或是口出惡言，導致殺身之禍。她會歷盡艱苦，但非常注意修飾自己，常常照鏡子。

她身體健康，頭髮豐厚。心情低落時，吃了便睡。她的胃或胸容易疼痛，膝蓋或手腳會出毛病，會掉牙齒，在二十三歲時會生一場大病。她可能一氣之下，離開自己的祖國，失去父親的財產。生孩子以後，變得小心謹慎，足智多謀，讓大家都覺得滿意。她和朋友相處和睦，過了四十歲會發財，一直活到七十歲。

德國作家布蘭特（一四五八—一五二一）所著《愚人船》在歐洲大受歡迎，由此可見星相術在當時盛行的程度。書中有部分就這樣寫著：

每個人都想知道，
天體和星星的運動，
會告訴我們什麼，
讓我們瞭解神的念頭。
人們以為，
觀星便瞭解神意，
彷彿星星決定我們的命運；
彷彿這塵世上，
一切都要聽從星星的安排；
彷彿神不是宇宙的主宰，
不能隨心所欲，
……
基督教徒的預兆，

和異教徒觀察行星不同。
想知道明天是吉是凶，
能不能購物、築屋、披甲出征，
能不能播種、結婚、
結交朋友或行其他的事。
我們所有的話、行動、工作、敵意，
都應出自神的意願，
以神的名義完成。
相信星星，
認爲在吉日行事馬到成功，
認爲在某時、某年、某月
一切順利，
並不等於相信神祇。
做不到的事情，
在再吉利的時辰也做不到，
而凶日之中，更覺寸步難行。

有些人相信，
元旦之時，
若不穿新衣，
不唱著歌來來去去，
不在屋裡放樅樹，
當年就會死去。
古埃及人就真把這些事信以爲真！
人們還認爲，
沒有新年禮物，
一年就不算有好開端。
迷信就是這樣產生。

至於中國命相學的預測，對智商、個性、健康的預測，也較具體可接受，所以只要給出生年月日時，即可分析個人的ＥＱ（情緒商數）與ＨＱ（健康商數）及ＩＱ（智力商數），及因此所引申之諸多內容。

命　宮：敘述個性脾氣行爲與作風，特質能力與格局大小的判定，適合從事某種行業的方向，例：上班族、老闆級、文職、武職。

愛情宮：適合早婚或晚婚、對象的選擇與類型。

財富宮：適合賺什麼錢，勞心或勞力錢。

事業宮：生產製造業、傳播業、教育軍警等。

遷移宮：人際關係與出外吉凶，離鄉背井可能之遭遇，能否順利和諧，有貴人幫助與提攜否。

十年大運：磁場強與弱判別、經營理念是創新進取、或是保守穩健。

流年：十年大運吉凶休咎，何年會出現。

根據哈佛大學的一些研究顯示，個性（EQ）與成功的關係較之智商（IQ）重要。其實成功要從每天一項小成功，創造出成功循環，累積成大成功的。

生物科技是二十一世紀重點，或許愈發展愈能證實算命的科學，只是現今的命相學是否合於時宜，須隨時空修正，或他對成功的影響程度多寡，都有待探究。

〈命運小語〉

*有醫學證實，胎兒會以分泌一種酵素之類的，選擇自己出生的時辰，這較符合自己的本命時辰。

*古時候成功的途徑必然與現代不同，古人壽命相當短，健康須由練功等達成，不像現在醫學發達，手術開腦開心都不是問題。

*古人無法瞭解地磁對命運的影響，但卻採用了統計、歸納的科學方法來預測命運，然而命運的預測，只佔成功很小的成分，成功主要靠後天的努力與機運。

*紫微斗數及西洋星座，考慮的都是天體運行（重力）的影響，重力固然對人體的ＩＱ、ＥＱ、ＨＱ有影響，但較之電磁力可就小多了。

*真正的「風水」學，應該說是氣象學，現代的氣象科學引進了尺度分析（scale analysis）的方法，使得大氣方程得以簡化，才能在高速電腦跑出預測值。同樣的，尺度

分析運用於命相學，電磁力則掌控了命運（無法確切量測的心理除外），重力次之。

*日本人大西正男說，西洋的十二星座早在中國般商初期即有：

十二支的「子」相當於白羊座，「丑」相當於金牛座……。

*台灣的企業家，天蠍座較多。

*命運的測不準原理：命運早註定，但預測的過程使測不準。人一生命運的興衰曲線，和股價指數一樣難預測，可說是由上帝擲甩子決定的吧！

*血型與個性的相關性，科學家早已證實，然而血型與體內的電磁狀態也是有相關的。

*基因的解碼，更讓我們瞭解，人一生許多的特質是早在出生前（胚胎形成），便已註定了。

*奇門遁甲裡的方位求吉的理論若是真確，必然是變化磁場的影響，因為重力不變，陽光、空氣、水也都不變。

＊由於現今的電子時代，影響環境磁場的因子極其複雜，決非古代單純的地磁效應，所以算命對未來的預測是充滿變數的。出生時的那一刻，身體的電與磁狀態，假定起了重大變化，因而決定了先天的命運，後天的命運則再由地磁之日及時辰變化，經由電磁交互作用而定出當時的命運。

＊人的命運是由神所決定的，東西方的神雖然不盡相同，但東西方的命相學卻有一致的規律可循。

3. 影響命運的因素

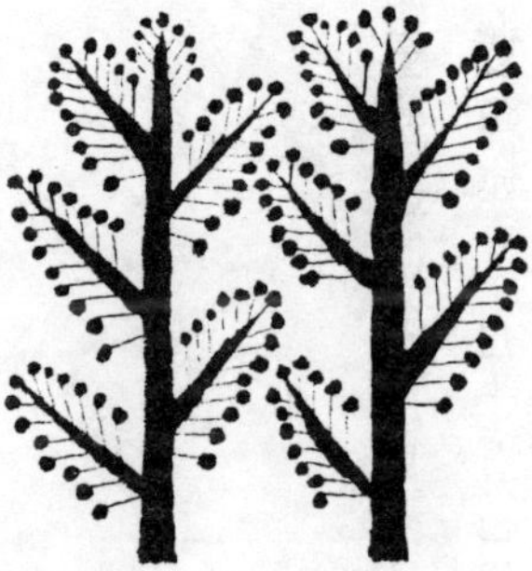

算命的法則

生年月日時

西洋星座對個性的預測有其準確，其預測主要是以生月及日爲參考，如水瓶座一月二十一日～二月十八日，雙魚座二月十九日～三月二十日，牡羊座三月二十一日～四月二十日，金牛座四月二十一日～五月二十日，雙子座五月二十一日～六月二十一日，巨蟹座六月二十二日～七月二十二日，獅子座七月二十三日～八月二十二日，處女座八月二十三日～九月二十二日，天秤座九月二十三日～十月二十三日，天蝎座十月二十四日～十一月二十二日，射手座十一月二十三日～十二月二十一日，山羊座十二月二十二日～一月二十日（如附錄）。

中國的算命則對出生的時辰亦相當重視。紫微斗數的運算基礎，必須輸入正確出生時辰，年、月、日、時，共四柱八字，即可以推算個人一生狀況。人一出生，血型即已確定，血型與個性分析，有準確性存在，基因的研究，更證實人類許多行爲與病變，是可以預測與分類的，紫微斗數可說是另一種預測方式。

環境因子的循環

中國人將地球自轉一周的一天劃分成十二個時辰，月球自轉和公轉週期一樣，都是二十九・五天，天干之數有十，地支之數有十二，地支十二年的循環和木星公轉週期十一・九年近似，太陽黑子十一年循環，六十年一循環爲中國人所稱的一甲子。

從人出生時間來看，所謂年、月、日、時各有其天文學意義：

年——中國的特有紀年方式爲干支紀數，六十年循環一次，與地球歲差每七十二年往西偏一度近似，這是中國干支紀年的特性。

月——月份的變化是由地球公轉太陽造成的變化，西洋占星術主要就是由黃道十二宮十二星座的變化而發明的。

日——日期的變化，從陽曆而言是屬於地球公轉的變化，從陰曆而言是屬於月球公轉的變化；月球公轉和自轉的週期一樣，都是二十九．五天，也就是它永遠以同一面面對地球，月球引力的影響大於太陽二．四倍，所以月球對生命個性的影響也大於太陽，一般而言，以陽曆（太陽）爲主的命理學偏向於分析顯性、行動性的個性；陰曆（月球）爲主的命理學則偏向於隱性的、心理層次的，尤其在潛意識部份的個性。

時——時的變化就是地球的自轉，劃分一天爲十二時辰（二十四小時）。

西洋星座其預測變化循環主要爲一年，紫微斗數裏的大運爲十年一循環，十二生肖爲十二年的循環，例如龍年出生的朋友，性格較爲剛直，外表威嚴，不過常有虛幻或過於理想的傾向，熱愛追求名譽（如附錄）。

中國的曆法

頒曆法爲古代皇權的象徵之一，故改朝換代，也往往要改年號

圖 3. 這張星相卡把人看作「小宇宙」，人體各部位都可代表黃道 12 宮。

、改曆法。自秦漢以來，便有一百多種曆法。古人也深信占星，認爲國家興衰與皇權持有人的運勢，皆可由天文異象中預測、解讀出來，故天文知識常被視爲「國家機密」，因而阻礙了天文學的普及化與發展。

古人相信天象爲國家命運、氣勢的指針，故重視太陽、月亮的運行，日、月食的推算，五大行星（水、金、火、木、土）的出沒，各節氣長短推定，各種天文異象的記錄、判讀，是以中國古曆法爲天文曆法。

古曆以陰陽合曆爲傳統，創立了二十四節氣，與農業關係密切。占星術的哲學觀點則以陰陽、五行、天人感應爲基礎，中國古代天文學家注重實際，勤於觀測、記錄，對異常天象的出現尤其重視。

中國的古代天象記錄是當時世界上最豐富，最有系統的。哈雷彗星在中國的最早記錄是在《左傳》魯文公十四年（六一三BC）。秦始皇七年（二一四BC）到西元一九一〇年，共有二十九次哈雷彗星回歸完整的記錄，可惜並沒有人發現它是同一顆彗星。

爲了便於進行天象的觀測、記錄與研究，古代把星空中相鄰的恆星組合起來，並以世間的事物或職位的名稱來命名。這種的恆星組合稱爲星官，與西洋的星座有異曲同工之妙。

二十四節氣

在西洋的曆法中，只分春分、夏至、秋分與冬至四個節氣，而我國農曆裡則把節氣定爲二十四節氣，相鄰兩節氣對應太陽在黃道上運行十五度。它們的名稱大都反應物候、農時或季節的起點與中點，是方便農耕爲考量的曆法。

由於節氣實際反應太陽運行所引起的氣候變化，故二十四節氣爲陽曆的自然衍生的產物，與陰曆無關。

節氣與命運是相關的，二十四節氣的名稱與其物候關係如下：

立春：立是開始的意思，春是蠢動，表示萬物開始有生氣，這一天春天開始。

雨水：降雨開始，雨水將多。

驚蟄：春雷響動，驚動蟄伏地下冬眠的生物，它們將開始出土活動。

春分：這是春季九十天的中分點，這一天晝夜相等，所以古代曾稱春分秋分爲晝夜分。

清明：明潔晴朗，氣候溫暖，草木開始萌發繁茂。

穀雨：雨生百穀的意思。雨水增多，適時的降雨對穀物生長很爲有利。

立夏：夏天開始，萬物漸將隨溫暖的氣候而生長。

小滿：滿指籽粒飽滿，麥類等夏熱作物這時開始結籽灌漿，即將飽滿。

芒種：有芒作物開始成熟，此時也是秋季作物播種的最繁忙時節。

夏至：白天最長，黑夜最短，這一天中午太陽位置最高，日影短至終極，古代又稱這一天爲日北至或長日至。

小暑：暑是炎熱，此時還未到達最熱。

大暑：炎熱的程度到達高峰。

立秋：秋天開始，植物快成熟了。

處暑：處是住的意思，表示暑氣到此爲止。

白露：地面水氣凝結爲露，色白，是天氣開始轉涼了。

秋分：秋季九十天的中間，這一天晝夜相等，同春分一樣，太陽從正東升起正西落下。

寒露：水露先白而後寒，是氣候將逐漸轉冷的意思。

霜降：見霜。

立冬：冬是終了，作物收割後要收藏起來的意思，這一天起冬天開始。

小雪：開始降雪，但還不多。

大雪：雪量由小增大。

冬至：這一天中午太陽在天空中位置最低，日影最長，白天最短，黑夜最長，古代又稱短日至或日南至。

小寒：冷氣積久而爲寒，此時尚未冷到頂點。

大寒：寒冷到頂點。

二十四節氣中以立春、春分、立夏，夏至、立秋、秋分、立冬與冬至等八節氣最爲重要。它們之間大約相隔四十六天。「四立」表示每一個季節的開始，而「分」與「至」表示正處於這季節的中間。二十四節氣可說描述了萌芽、茁壯、蟄伏、凋零的命運循環。

生命的三要素：陽光、空氣、水

生物能場爲包括陽光(可見光、紅外線、紫外線)、磁場之能量總和，生命的要素則加了空氣和水。生命的三大要素，對風水的影響較大，對命運的影響，就得首推作用力了。

陽光有日夜的循環，缺少陽光會造成軟骨症，沒有陽光的日子情緒也特別低落。

空氣的品質，也會影響思慮的效率，在穢氣裏生活，容易生病；空氣也有日夜的循環，白天植物行光合作用，放出氧氣，夜間則同人一樣呼吸。

水佔人體七成份量，水質對人體影響也頗大，目前水污染情形嚴重，據估計三成自來水有重金屬污染。

擁有良好的生命要素，生命自然健康有活力，成功跟著就來。

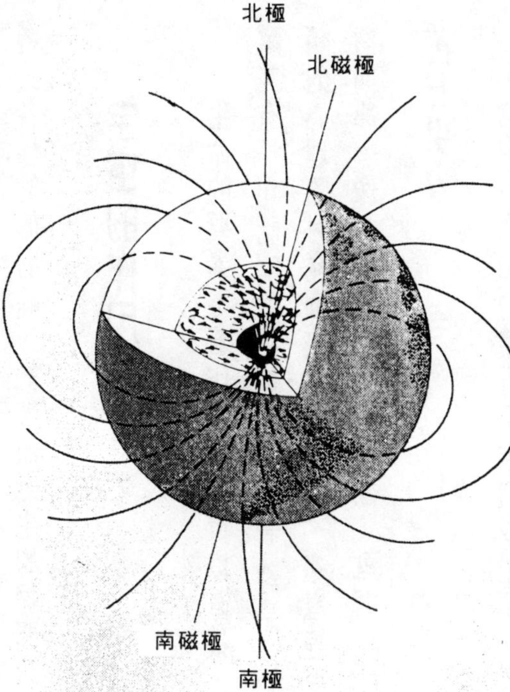

圖 4. 地磁軸與地球自轉軸有約 11 度的夾角。

發射無線電波的星，放射X射線的星，以及用紫外線或紅外線才能看到的行星，或是加瑪射線及宇宙射線等，從宇宙照射下來得各式各樣的放射線，從人類誕生的瞬間起，也強烈地影響人體。

宇宙的作用力

生命的要素不若作用力，可以直接、無時無刻地影響人體。在歐美有一句話叫做「lunatic」，直譯是「月光病」，它的意思是指人類的心理隨月亮圓缺異常發狂、癲瘋等現象；電磁力影響了生物的週期律，像有機體的新陳代謝，就有二十四小時的日變化韻律。

萬有引力

萬有引力和物體質量乘積成正比，和距離平方成反比，兩個六十公斤重的人，相距一公尺，就相互有十（E—7）牛噸的吸引力。月球引力會造成潮汐，也影響人的血壓等，使情緒易於激動，電影中的狼人每在月圓時發作，就是這個道理。

月球引力的影響大太陽約二·四倍，所以月亮圓缺的週期會引起「月光病」，就是月亮的潮汐引力，通過氣壓及人體血壓的變化，使荷爾蒙的分泌產生變化，而在精神上給與了影響。

電磁力

人類在地磁環境遮蔽或減弱的環境中，中樞神經會不平衡，白血球數會減少，所以，適當的磁場有促進與維持健康的效果。

科學家甚至研究發現，人類激素的分泌、血液中淋巴球的產生，甚至細胞的分裂（人體組織的生成）時間，都與地磁的日變化韻律同步。

〈命運小語〉

＊如果把人體視為一個電磁狀態，而這狀態又主宰了人的健康、情緒及判斷力等，則人的命運無時無刻，會因地磁變動與人體電磁場交互作用，而受到影響。

＊歷史上太陽黑子的重大變動及彗星穿過「日地空間」造成的地磁變動，常同時伴隨天氣的異常，糧食收成減少、民不聊生或戰亂。

4. 生物的電磁效應

磁場影響了生物的週期韻律，許多有機體的新陳代謝，都有二十四小時的日變化韻律，一般我們直覺應該與陽光的有無相關，因爲這是我們所看得到的變化，然而許多實驗證實，我們看不到的磁場日循環才是主要的影響因子。

地磁受到干擾時，人最容易生病，磁氣健康枕、磁氣腹帶就是利用磁氣來健身，磁氣和太陽、空氣、水、食物等，同樣爲人類生活之所需。

美國麻省理工學院（ＭＩＴ）的研究證實，在地磁場隔離下的老鼠，情緒非常不穩，健康也大受影響。磁氣如果運用得當，對於高血壓、風濕、神經性疾病、腎臟病、胃潰瘍等，均有相當的治療效果。

生物的地磁效應

許多動物或多或少都有地磁場效應，例如，把磁鐵放在鴿子頭上，影響鴿子對地磁磁力線方向的判斷，它就找不到回家的路；把牡蠣放在密封的箱子中，接受不到陽光，它仍會隨月亮的變化而閉合，這都是地磁效應。

人類也是深受地磁的影響，科學家威夫爾曾建造了一個與外界時間感隔離的實驗室，隔離了包括光線、溫度及地磁場，結果顯示磁場隔離此一因素，會使受測者的生物週期完全失調，後來他導入一個十Hz的交流磁場，受測者的生物週期則恢復正常，思考人類十Hz的α腦波，證實人體的電磁系統與地磁系統，相互影響。

最近的研究也認爲，十Hz的刺激，確可引起α腦波的共振，甚至可有發氣功的感覺。

美國科學家也驗證了人腦中生物磁場的存在，是否催眠師可以強大的磁場對人腦影響與控制，值得探討。

印度的生物物理學家Sarada Subrahmanyam曾研究證實，人類的腦波不僅與地磁的微脈動有關，更與受測者與地磁的方向有關，此也證實了風水的說法。而神奇的是當受過瑜伽訓練後，可以較不受磁力線方向的影響。

磁場與人體的關係

磁場能增進人體內紅血球的活力，改善血液循環，清除血液中的廢物，調整全人體內分泌腺的作用，使體液酸鹼度平衡，消化吸收力旺盛，神經系統正常，排泄機能健康，呼吸系統良好，全身細胞均能按正常速度新陳代謝。

現在一般廣泛使用的藥物療法，都直接服用或注射藥物及對患部直接治療的化學療法。相對的，物理療法即是以磁波，熱敷、冰敷、按摩、針灸等，以物理的能源由體外透過皮膚來加強治療，利用磁波具有淨化作用，產生新生的乾淨血液，加上焦耳熱的作用，產生極迅速而確實的消炎止痛作用。

磁場的人體效應

平常在室內環境中，磁場約為〇・二—一・〇毫高斯(mg)，在這情形下正常人體每日約可產生二十個突變細胞，這些細胞極易轉成癌細胞，造成初期的癌症，但人體的會自然產生抗體來消滅此初生的癌細胞，然而只要一毫高斯（一mg）的電磁場，就可使抗體對癌細胞的辨識能力下降，以至無法消滅癌細胞。至於更強的電磁場，更可造成的嚴重的影響，茲舉例如下：

十mg——胸腺細胞死亡，免疫力下降

十二mg——抗乳癌藥物及褪黑激素失效

二〇mg——膽鹼神經元分泌減少

四〇mg——胎兒神經管發育異常，導致畸型兒

二〇〇mg——男性成人血中褪黑激素的濃度下降，干擾睡眠

三〇〇mg——乳牛的月經週期由二十二天延長到二十五天

一〇〇〇mg——睪丸細胞分泌睪脂酮增加，改變人類腦波頻率

五〇〇〇mg——腦神經細胞內遺傳物質（ＤＮＡ）產生斷裂

加拿大的一群研究人員，曾經研究家庭電器用品產生的電磁場對腦部的影響，結果發現電器用品如吹風機確實可在腦中導致電流，而且產生最大電流的位置在於腦的中心點，這可能是因爲腦的結構，使產生如埃及金字塔的聚集能量效應，這告訴我們，實際上我

們時刻都受電磁波的影響。

美國的一項研究，蒐集分析了一百九十三萬份病歷後發現，電力公司的工程師、電話線架設人員等，這些職業者死於老年癡呆症及巴金森氏症的比率較一般人高出二到三倍，這結果正好可以證明在電磁環境下，人腦產生的異常電流和老年癡呆症及巴金森氏症的發生率有關。

瑞士的一篇研究報導也顯示，位於高壓電線周圍三百公尺內的居民，得乳癌的機率高出一般人的七倍左右。

基礎醫學的研究也證實，十二mg的六十赫茲電磁場也會使抗乳癌藥物失效，所以患有乳癌接受藥物治療的病患，應該避免長期暴露於高電磁場的環境中。

其實我們身邊的日常電器用品，都會時時刻刻影響到我們的生活，像吹風機最近距離約有八〇mg的電磁場，距離十公分約二十mg，一公尺外才降為一mg。另外距離十公分的微波爐有四十mg，電腦螢幕、電視及冰箱等可有六到八mg的電磁場，一公尺外電腦螢幕、電視及冰箱才降到約一mg，所以使用不可不慎。

地磁對人的影響

有研究顯示，有些流行病的週期，與太陽黑子的週期（十一年）相當吻合，如流行性感冒，《自然(Nature)》雜誌上有篇文章，即分析了從一七六一年來二百年的相關性。更有研究顯示精神病患的發作，犯罪率的升降，都與太陽對地球引發的交變磁場有關。地球磁暴發生期間，精神病患的發作與犯罪率都有明顯升高。

地磁場會隨月球的繞行，地球的自、公轉而變化，古代皇帝重視觀星象，由於新星球的誕生，彗星的運行，都會對地球磁場造成干擾，導致天災及民心動亂等。

不禁讓我們佩服我們的老祖宗，雖然不懂得太陽風與地磁場，卻已經洞悉了它所造成的影響。

地球磁場在電離層形成的球形諧振腔，可導致地磁的微脈動，約爲〇・一到二十五Hz間，而能量則集中於十Hz附近，此與α腦波有神奇的謀合，冥冥之中告訴我們地磁變動與人類思緒的關係。

人體磁場

報載台灣有祖孫三代，身體都可以吸附鐵的家庭，這項特異功能，可能來自於遺傳，也可透過修煉氣功，來誘發人體潛能，人肉磁場這例子，證實了人體具有電磁特性。

有說天有磁場，天體星系有其序，地有磁場，萬物相序以成，人亦有磁場，與天地相應，所以，中國古聖先賢稱「天地人三才之道」，就是這個道理。

中國大陸及俄羅斯的生物學家，曾證實了中醫經絡系統就是生物能量系統，應該與天體運動的電磁場相呼應的。

經由氣功的鍛鍊，確實可以改變體內的磁場，使體內的磁場集中排列，增加其強度。很多氣功師就可以在發功時，以體內自發磁場，吸引移動鐵性的物質。

使用大哥大手機的影響

手機在發射通訊時，大哥大天線頂端發射電磁波波強度是基地台發射的一千倍，這麼恐怖的電磁波是可被腦近距離吸收的。有實驗顯示手機的電磁波會造成細胞的基因死亡（細胞仍活著但基因已死），除了可能罹患腦癌外，也易造成血癌等之病變。長期暴露，疑會引起卵巢癌、癡呆症、心律不整及破壞、降低免疫功能。

台灣目前設定手機的電磁波功率上限爲五watt。長時間使用手機會造成頭痛、暈眩，通話三十分鐘，會改變體內荷爾蒙濃度，已是不爭的事實。

英國測得免持聽筒手機，其電磁波對腦影響程度，較手機高出三・五倍。德國的研究報告更指出，常使用手機者，得眼癌機率較一般人高出三倍，使用者不可不慎。

電磁波過敏症是一種長期暴露在電磁波環境中所造成的生理失調疾病，會有神經與過敏的症狀，其症狀包含頭痛、臉腫脹、眼睛灼熱、頭暈、嘔吐、皮膚疹、身體虛弱、肌肉疼痛、耳鳴、下腹收縮痛、心律不整、心臟跳動不規則、呼吸困難，有些個案甚至出現中風、沮喪、精神無法集中、平衡感失調、肌肉抽筋、記憶力減退、淺眠等症狀。

這些在在都證明了電磁場對人生理與心理的影響力。

磁療醫學

人體內有心電、腦電、肌電等各種電性，有帶電物質移動就有電流，有電流就會有磁場，所以我們的體內也有各種磁場，當人生病時體內的磁場就會發生異常，而利用外加的磁場來使體內的磁場恢復平衡的方法，就是磁療法。

中國大陸有治療高血壓的磁力保健帶，美國有利用超導磁鐵，使血液凝結治癌的方法，利用小磁鐵製成的腰帶來治酸痛或減肥的，市面上更是隨意可見。

生物體內的磁場影響生物體中酵素的活性，使生物體內的化學反應加速或減慢；磁場會影響細胞膜上的鈣、鈉、鉀離子，改變細胞特性；磁場可以使水磁化，因爲人體中有八十%左右的水，若被磁化後，也會影響體內蛋白質的代謝。

在大陸的磁療研究顯示，磁療在腦血管疾病、高血壓等方面的應用十分成功，而且可以達到預防效果，磁療對傷口癒合也相當有效，具有止痛、止血的功能。

人體磁場失衡是萬病根源之一，人原本就生活在地球的磁場中，而磁場因爲星球的吸引力會產生各種變化，這些變化是大自然運行的真理，但由於人爲的破壞，例如鋼材的建築物，生活用品、習慣的異常等，都影響了正常的磁場運行，造成人類的磁場失序，引發「缺乏磁場症候群」。雖然磁性保健產品，若使用不當，反而會有反效果，切記。

〈命運小語〉

＊法國葡萄酒在滿月時採收最佳。
＊月球規範潮汐，潮汐規範海洋生物的習慣。
＊統計調查發現，女性的月事也以月圓時居多。
＊中研院的王唯工院士，實驗證實很小的電磁效應，就可對生理造成影響，尤其乳酸的形成，這也是癌症的重要指標。
＊電磁波是由電場及磁場組成，其磁場是變動的週期性磁場。通常電場可導引出磁場，磁場可導引出電場。

5. 量子（能量）醫學的啟示

量子醫學

量子（or能量）醫學即將成爲二十一世紀的主流，著名的Dr. William Nelson，以量子物理及混沌數學爲理論基礎，藉人體的十六種電性參數——電阻、阻抗、電流、電壓、電量、電感、頻率與共振頻率的測量，得出了人體經絡、脊椎神經、器官、內分泌系統、免疫系統、消化系統之情形，含營養素、毒素的掃瞄，及情緒、心理的反應等，竟然可檢查出現今高科技儀器無法檢測出之疾病。

因爲有機體都是帶電體，人本身亦是帶電體，人的組織器官對電磁場均有反應，此反應透過電壓、電流、電阻的三向量(Trivector)改變，來判斷人體的諸種特質，包含情緒、個性，甚至裝假牙、染燙髮、黴菌感染都無所遁形。

所謂的量子醫學是種物理科技診療法，運用人體敏點電位平衡法（也有人稱做「生物能診療法」），配合電腦儀器，來檢測人體各器官的細胞電荷，以訂定健康標準值。高於標準值之數據，視爲興奮、發炎、實證；低於標準值之數據，則表示功能衰退、萎縮、運行失常、虛證。因此，無論是數據偏高或偏低，爲病變的現象，或是疾病已在蔓延。

上述的原理，依據一九六八年英國劍橋大學哈肯博士的報告文獻，以及近期美國加州超音波醫學專家林奎司博士的新著，皆經醫學界的肯定，兩人因此先後分別獲頒諾貝爾醫學獎。

德國傅爾醫師在能量醫學的研究中，驚異的發現到，早在兩千五百年前中國人繪製的「經絡圖」，竟然與他實際檢測病人身上之「電能」變化的「路線圖」，幾乎是一模一樣的。

中國《黃帝內經》經脈篇中說，經絡可以控制人體一切功能，具有決死生、處百病、調虛實的作用。經絡是五臟六腑中能量傳送的重要途徑，可以調控有形的免疫系統、內分泌系統、神經系統和血液循環系統……等。

我們通過在經絡穴位上的指壓、推拿、刮痧、拔罐、或針灸等方法來治療臟腑疾病，也可以通過臟腑功能的調整來治療體表疾病。無極生太極，太極分兩儀：傷寒論謂之三陽（太陽、少陽、陽明）；三陰（太陰、少陰、厥陰），陰陽兩極相互牽聯，相互協調，相互促進，相互約制，以保持人體正常的生理功能與人體十二經絡、奇經八脈均有密切關聯。

除了陰陽論點外，又有所謂五行論，是指木火土金水五種元素相生相剋原理法，把這個天地自然的法則應用於人體臟腑關係：

五行相生即木生火，火生土，土生金，金生水，水生木的關係。

五行相剋即木剋土，土剋水，水剋火，火剋金，金剋木的關係。

從《馬王堆漢墓醫書》的醫學書籍中，可以了解，在當時醫學上的療法已進行針灸法及脈診，藥物療法及養生術也都達到很高的水準，其中的「導引圖」即是個例子，道家打坐氣血運行所描繪出來的線路圖亦是個例子。

胎兒出生的一刻

電磁場對母體中的嬰兒有很大的影響，單就長期的電腦螢幕輻射，就會影響胎兒的發育，甚至導致早產。更重要的是嬰兒在母體內，出生的那一刻的重大變化，主要爲離開羊水的保護，羊水是否能減低電磁效應，提供一個低干擾的電磁環境？另外由腹式呼吸（猶如練氣功的呼吸方式），改成肺部呼吸，在出生一刻更是以嚎啕大哭來擴充整個肺部。這一刻在當時的地磁環境下，剛好對命運（IQ、HQ、EQ、腦波、體內電磁系統、甚至DNA）作出決定性變化。

生物能場

生物能場爲一包括紅外線、磁場、UV之能量總和。一個細胞受外環境刺激，其訊息傳遞通常是藉由一個分子與細胞壁上之蛋白質受體嵌合，引發一連串的生化反應所完成。

有研究發現氣功師發出之「養氣」可使細胞之呼吸速率增加，DNA及蛋白質合成速率增加。同時亦發現細胞接受生物能場後細胞質內之鈣離子及cAMP之量顯著增加

由能量醫學的啓示，證實了體內的電磁系統（直流系統），可以和外界的電磁系統交互作用，演繹出多種的情緒與健康的表態。

〈命運小語〉

*出生一刻的變化：腹式呼吸到肺部呼吸（氣功狀態）
離開羊水（EM field shielding？）

*現代的能量醫學，也可當做作命相學，它是由人體的電磁狀態與健康、個性的關係，統計得來的。

*新近的醫學研究發現，早晨出生的小孩較健康，出生的時刻可影響一生，與命相學不謀而合。

*現代的能量醫學給我們一個啟示：甚麼屬性的人（體內的電磁狀態），在什麼磁場下（方向、強度、頻率），受到什麼樣的影響，此即預測未來。

*依照法拉第的電磁律，磁場可以使導體感應出電流，進而改變電壓，甚至電阻等。所以地磁的變動，可使人體的電性（V・I・R）隨之改變。

*依照 Limbic System，當電流對腦的不同區域刺激時，人會有不同的情緒反應，例如快樂、悲傷、憤怒、呆滯…

……等。

*英國愛丁堡的石朝霖教授，他也和一些氣功師一樣，可以將體內電磁能集中，來吸引鐵性物質。

6. 地磁場的變化

地球磁場的形成

人類數千年前即已發現地磁的存在，但直至本世紀，科學家才知道地磁是保護地球上生命免於致命的宇宙射線與太陽輻射的主要功臣。

愛因斯坦稱地磁起源爲物理學上最難解的問題之一。拜超級電腦與八十萬年的地磁歷史資料之賜，最新地磁研究報告，解釋了有關氣候變異、生物滅絕與磁球層強度變化等的現象。

地球的磁軸並不和它的地理軸或自轉軸一致，兩者約成十一度的交角。地磁方向會每二十萬年調換一次。地球的內核轉速比外核慢，地磁強度——就像旋轉馬達產生電荷的發電機一樣，由於不同電性的電荷分至兩極，所以導致地球磁場分佈爲柱狀兩極化。

最後，這個模型還指出外核的液體流動造成磁場的扭曲，使現存磁場混亂，科學家算出大約在二千年後地磁便會進入逆轉。

從歷史上來看，地磁強度會在反轉前數千年內戲劇性地銳降。某些科學家相信，在最低的時候，地磁弱得甚至無法保護地球上的

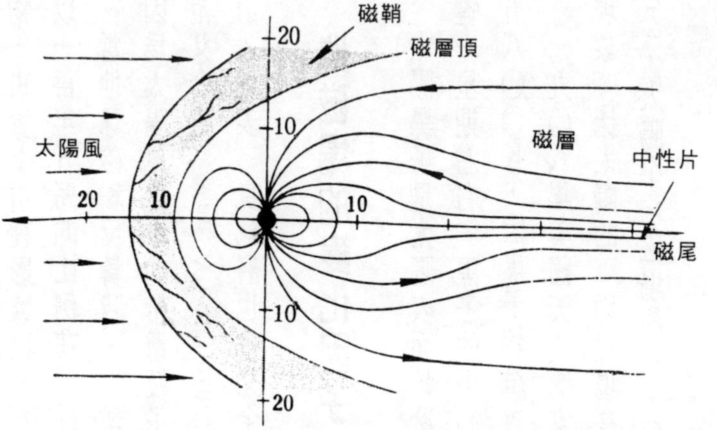

圖 5. 地磁場受到太陽風的吹襲，會沿太陽風的方向向後彎曲，一邊形成包層，另一邊延伸成磁尾。

生物，事實上這種影響已經在發生，科學家注意到地球磁場在最近約以一百年五%的比例在下降中，可能逐漸進入反轉過程。

當地球磁場反轉時，地球磁場與電離層必定會與今日大不相同，因爲太陽風帶來的帶電粒子及宇宙輻射線，原先被地球上空原有的范艾倫帶（Van Allen belts）擋住。地磁反轉後，屆時帶電粒子可直射入地表，臭氧層也會完全遭到破壞，將是生物的浩劫。

地磁場的變化因子

太陽黑子是太陽表面較冷，看來較黑的部份，平均壽命可持續長達一星期左右。黑子的中心部份溫度約四二四〇K，光球層溫度約五八〇〇K，因黑子較冷，所以黑子部分看來較光球層暗。

一九〇八年美國天文學家George Ellery Hale發現黑子區內的磁場現象，比太陽的平均磁場高出約一千倍（地球平均磁場約〇・五Gauss，太陽平均磁場約一・〇Gauss，黑子則高達約一〇〇〇Gauss）。

圖 6. 太極拳心神的貫注和身體的移動，使得身心合而為一。

太陽黑子

一八四三年德國業餘天文家Heinrich Schwabe發現黑子的數目變化量有十一年的週期，此稱爲太陽黑子週期。

磁場週期

每一對黑子是由磁偶組合而成。在一對黑子中若一個黑子呈磁北極性，另一個則是磁南極性。一九六一年Mt. Wilson天文臺的Horace Babcock解釋這可能和太陽自轉及太陽磁場的交互作用有關。例如赤道附近週期約二十五天，而高緯度地區自轉週期約二十九天，這表示赤道附近的物質比兩極附近走的更快，而造成差動旋轉。

當磁場被差動自旋扭曲的很嚴重，它破滅並重新排列組合，另一個新的週期又開始形成。

但因爲重新排列的方式使磁場極性顛倒，在新的週期磁場南北極性互換，所以說太陽黑子週期是十一年。

太陽閃焰

太陽閃焰（Solar Flares）能放出一〇二五焦耳，相當於二十億噸TNT炸藥的能量，於八分鐘內即到達地球，增加地球上空電離層的游離化，這個結果會影響短波通訊。此外，閃焰所釋放出的高能質子及電子束，約在幾小時或幾天後，成爲吹向地球的「太陽風」，它將影響地球磁場，產生磁暴。

地磁場變化

地磁場可分成源自地球內部的主磁場和源自地球外部的變化磁場兩部分來討論。地球的主磁場本身雖略有變動，但非常緩慢，例如數十萬年至數千萬年週期的地磁反轉即屬主磁場之長期變化。

地球的變化磁場主要是來自太陽的作用，依其活動程度可分爲寧靜太陽日變化（Sq）、擾亂太陽日變化（Sd）、以及週期極短的地磁微脈動。

彗星

在過去三千年裡，彗星的出現，一直被認爲是不祥的凶兆，不但對先民的心理造成莫大影響，甚至還曾經影響過王位的遞嬗。印加帝國末代皇帝阿塔瓦爾帕被西班牙征服者囚禁時，得知有人們在他父親去世前，看到一顆如長矛的大彗星時，便放棄了反攻的希望，最後他果然被絞死，印加帝國也就此滅亡。羅馬著名的暴君尼祿即位時，也有彗星出現，他也視爲不吉利的預兆。

一九八六年，當哈雷彗星在有史可徵的第三十五次回歸的時候，五艘太空船先後奔向彗星，作出了自哈雷發現了彗星以來，最重要的研究。彗星經過太陽與地球間的空間時，會對地磁造成擾動，甚至會對地球帶來一些放射線或物質。……

〈命運小語〉

＊年循環：大運十月十二日年——黑子十一年

＊電離層的變化，日夜間差距極大，白天對著太陽風，夜間則背著太陽風，所以白天的電離層分為D、E、F層，夜間則變成F1、F2層，我們也可以把它劃分成子時、丑時……等之變化。

＊太陽、月亮、九大行星、彗星及隕石等的重力，都會造成地球內部融液的擾動，進而影響地磁，只是影響比較太陽風來得大。

＊月亮、九大行星、彗星及隕石等都可能遮蔽住太陽風，導致地磁變動，而月亮的影響，有約三十天的循環變化。

＊台灣九二一大地震後，有研究顯示，電離層的變動可能可以預測地震。其實，根據我的觀察，電離層的變動更可以預測股市；太陽風對地球的作用，猶如波浪，所以

艾略特的理論加上地磁變動對人心理的影響，可以找出和股市的關連性。

＊演化上，每次地磁重大變化時，均伴隨物種的大量增加。地磁的變化，主要來自太陽風的變化，電離層的振動頻率八—九MHz，為地磁自然共振頻率，美俄科學家曾採此一頻率，試圖影響人的生理、心理。生命的起源，應該也是受此一頻率影響，合成氨基酸等生命基本物質。

7. 地磁的變化對性格與健康的影響

養生時辰的地磁觀點

在各家養生功法中對時辰選擇有較具體看法的爲明代《保生心鑒》中的二十四氣坐功法，或稱陳希夷坐功法，其所選定時辰集中在子丑、丑寅、寅卯。在道家則有選取子、午、卯、酉爲養生鍛鍊的最佳時辰。

中國陝西省衛生當局的臨床實驗，數據顯示，丑時病人病情惡化率最低；巳時病人病情轉好率最高，在慢性病藥物實驗上則發現寅時使用藥效最佳。

綜合上述大致可歸納子、丑、寅、巳爲最佳養生時辰，這與氣功鍛鍊理論中在子、丑練功最佳有異曲同工之妙。

師大地科所鄭教授等研究時辰選擇對養生功法的影響，由地磁場分析結果對照養生功法的擇時理論與實驗發現：養生擇時法所認定之時辰（子、丑、寅、巳）在時間域的地磁場分析上屬較平靜的時段，也是太陽干擾地球磁場較小的時段；頻率域分析的結果顯示子、丑、寅、亥等時辰為地磁場主頻率出現最清晰的時段，原因也是沒受到太陽干擾。

研究的結論初步解釋古人擇時養生或練功的時辰可能是為避開太陽干擾的時段，在穩定的地磁雙極場調息養生或治療疾病可得到較佳的功效，近代的科學家都有一致的看法。

地磁對性格與健康的影響

人類深受地磁的影響，若把人類與地磁場隔離，會使受測者的生物週期完全失調，人類在地磁環境遮蔽或減弱的環境中，中樞神經會不平衡，白血球數會減少，所以適當的磁場有促進與維持健康的效果。

科學家甚至研究發現，人類激素的分泌、血液中淋巴球的產生，甚至細胞的分裂——人體組織生成的時間，都與地磁的日變化韻律同步。

有研究顯示，有些流行病的週期，與太陽黑子的十一年週期相當吻合，例如流行性感冒，更有研究顯示精神病患的發作，犯罪率的升降，都與太陽對地球引發的交變磁場有關。地球磁暴發生期間，精神病患的發作與犯罪率都有明顯升高。

※　※

〈命運小語〉

*養生功法中對時辰選擇，有較具體看法之陳希夷坐功法，也是相傳紫微斗術的創始人。

*我們無法改變與生俱來的命運，但是卻可以改變現在與未來的命運。

*虛擬實況：依農民曆，某甲某日不宜往西。從馬克士威爾電磁定律(Maxwell、s law)來看，表示會導致某個方向的變動磁場。

*虛擬實況：某乙因長時間受通訊電磁波影響，導致情緒易激動，因此傷人，被判處徒刑。

8. 你可以改變命運

生物能量場

靈異與神跡

改善自己內部的磁場，可以改變自己的命運，甚至可據以影響別人，例如瑜伽師父，能較不受地磁的影響，氣功師父用氣功替人療傷等。台灣的太極門，大陸的法輪功之所以盛行，應該也是學習者從中發現了一些優點的道理。

二千年前，伯利恆之星引導了三位東方哲人，來朝拜耶穌的誕生，聖經裏耶穌十二—三十歲的行蹤都沒有記載，一般認爲可能到過印度學瑜伽，使自己的能量提高，他曾說：「你們當受我的瑜伽（yago），學我的樣式……」，所以耶穌能治癒病患。近代曾發現有螢光的屍衣，人們遂推論爲耶穌死前所有，雖然後來證實該屍衣爲後人製作而成。而太平天國時代，自稱耶穌的弟弟的洪秀全，相傳也有特異功能，生物能量特別高。

第六感與通靈等，實驗顯示爲電磁波的一種，我們可以想像爲親人間頻率較接近，較易產生「共振」，使得訊號得以增強，才能收到訊號。而也有說偉人的能量較強，故可以精神永昭。

如大家所知道，人體內有生物電荷，有生物電荷就有生物光能和生物波，有生物光能和波能就有生物信息能，也有生物磁能，有生物磁能那就能殘留於某些物質上。

大陸中央電視台、河南電視台等曾報導的『中原奇觀』……邙盪山漢劉邦碑體顯像，如果屬實，科學的解釋是由如下原因所造成：漢劉邦這塊碑文是由礦石鑄造，因爲礦石中含有礦物質（礦石的主要成份爲$CaCO_3$、$MgCO_3$等這些物質），經過長年解離出帶電的陰離子和陽離子，遂具備磁性記憶功能，加之漢劉邦生前練功有素，內外功武藝高強，他的生物能量高於一般人，所以能在碑石記錄顯像。凡此種種，實在太神奇了，因缺乏科學實證，在此持保留態度。

中國大陸就有以科學的方法來驗證超能力的機構，根據五〇七研究所的陳述，九成來接受測驗的人，都僅止於變魔術的階段。像隔空抓藥、彎曲折斷湯匙等超能力，時有所聞，但須經過一到三年的驗證才能論斷。

美國著名大學研究機構的報告顯示，超能力的人，折斷的湯匙，從紋路分析，決非一般人以一方式所能達到的。大陸特異功能人士張穎，曾到台灣以隔空抓藥方式來替民眾治病，前去問診的人絡繹不絕，結果被媒體會同職業魔術師指稱是一場騙局。

精神感應

在美國精神感應的實驗裏，使用了「ＥＳＰ卡片」，這是五張一組的卡片，背面各畫著十字、圓圈、星星、四角形及波浪等圖形，實驗者觀看這圖形，在頭腦中想著它們，被試驗者則藉著超感覺知覺（ＥＳＰ），來捕捉實驗著腦中的念頭，加以記錄下來，結果證實人類果真有精神感應的能力。

精神感應是ＥＳＰ能力的一種表現，普哈立基博士證實ＥＳＰ能力可經由機械性的強化，他的報告說：將被實驗的人送進法拉第箱（一種全部用銅的網眼做成的房間），把入口封閉後，從房間的外面通以二〇〇〇伏特的電壓，這麼做隔離了外界的電磁干擾，房間內ESP的能力便會被強化到百分之百。

然而也有另一種實驗結果，蘇俄卡金斯基等的實驗報告，證實了下面的事實：當關閉法拉第箱的門扉，即遮斷了電磁波，箱內與箱外的人，精神感應完全不產生作用。

「這種未知的波應是電磁波的一種，大小在一點八到二點一毫米的範圍」。依照卡金斯基的理論，人類具有類似「精神感應中樞」的東西，那就是在腦下髓裏謎樣的器官——松果腺。

台灣佛光山所舉辦的佛學測驗裏，有一項即是以ESP卡的方式，測驗參與者的精神感應能力，結果證實某些人確實擁有較佳的精神感應能力，而有些人在經過訓練後，也可以有長足的改善。

內在的改變——體內電磁狀態

氣功的歷史

氣功的歷史由來已久，最早談及的經典之作是《黃帝內經》，實際編纂是春秋戰國時代，這本書記載：「想避免虛邪賊風，須處於淡淡的虛的狀態，真氣會隨之潛入精神之內。」又說：「呼吸真氣，心神統一，皮膚與肌肉合而為一。」這就是氣功的要訣。

此外，《莊子》也談到：「要做深呼吸，吐出舊氣，吸入新氣，像熊掛在樹上一樣，或者像鳥一樣做深呼吸的動作，就可以長壽。」（詳見《莊子》刻意篇）

漢代淮南王劉安所編的《淮南子》記載：「呼吸的方法在於調整氣息，像熊掛在樹上、鳥振翅、鴨子游水、猿猴腳踏、鳶搖頭、老虎向後回頭等動作，這些都是養生形態的一種方法。」（淮南子）

晉朝有本練丹書是葛洪的《抱朴子》，其中也記載氣功法。隋、唐時代，仙道大爲流形，氣功法非常盛行。

其後到了宋、元、明時代，張安道的《養生訣》、張子和的《儒門事親》，朱丹溪的《格致于論》等醫書，裡面也談到用氣功法來治病。這個時代出現許多中國拳法，那就是北宋張三豐所創的太極拳，也是一種氣功法。

清代是氣功完成的時代，席錫籓所著的《內外功圖解輯要》中有八段錦（北宋陳希夷所編）、易筋經（少林寺流傳下來），以一百二十四張圖來解說。

氣與中國古來神秘的仙道有密切的關係，也可以說是一種仙道，唯一與仙道不同的是，氣功去除了仙道神秘的部份，也採用健康法、醫療法，武術等實用的部份。

氣功科學研究的回顧

我們的祖先在數千年前爲了生存，必須克服大自然多變的環境以及各種疾病的侵害，在長期的搏鬥過程中，領悟出了氣功的醫療保健方法。

氣功是運用大腦意識，對身體實行自我調節，與中醫學中的診斷方法如望、聞、問、切，以及如針灸及中藥，形成了一個完整的醫療體系。

現代對氣功做大規模而且系統化研究首推中國大陸，當初在錢學森博士大力倡導下，一九八七年成立了中國人體科學會，正式把「氣功」當做科學領域的一支來研究。

錢學森博士用「氣功功能態」的觀念來描述練功時的生理現象，因此練氣功只不過是用意識不斷地調整呼吸及身體姿勢，以達到一種「氣功功能態」的生理狀態而已。

氣功狀態

中國大陸以及西方的研究者已成功地把腦波分析的方法運用到氣功研究，瑜伽（yago）和超覺靜坐（Transcendental Meditation）的研究中。

根據研究，當氣功師父練氣時，腦波之α波振幅增加，另外氣功師父所發放外氣中所含的能量成分，包括紅外線、壓力波、微粒流及高能輻射場。氣功師父所發放屬於三—五微米之大量紅外線。另一種則會吸收外界之紅外線能量，這是師父可以分別經由副交感或交感神經控制血管之鬆緊，促使流向手掌之血液增多或減少而導致溫度上升或下降之結果。

台大李嗣涔教授說練功過程中身體之變化可歸納成「共振態」及「入定」兩大類；在「氣功共振態」中腦α波功率會大幅增加到一．七倍以上，而在「入定」過程中，腦α波會逐漸減少。

「共振態」容易進入，只要姿勢正確，了解方法，五分鐘的時間就可以得氣，入定態可能坐了多年也不見反應，但練功的最後境界都是「入定態」。

如果一個人的腦α波頻譜很單純，只有單一個頻率尖峰，則這個人不論用什麼頻率的信號去刺激腦，都比較容易引發「共振態」。而腦波頻譜很複雜的人，他的腦中不同部位的腦神經會用不同的頻率在振盪，因此相互間會有些干擾，不容易產生共振。

李教授更指出，隨著科學探索的逐步深入後發現，氣功與伴隨而來的人體特異功能，不但不是迷信，反而是人體科學上的高層次問題，是一個充滿向人體生命現象挑戰、徹底了解宗教現象的巨大領域。

氣功的保健原理

練氣功有「氣到血到」的現象，運送足夠的氧分，帶走新陳代謝後所產生的廢物，才能保持活力。因此一個人血液循環不良，日積月累下來，自然細胞抵抗力弱，容易產生疾病。另外氣功的鍛鍊能夠刺激到副交感神經，讓胃腸蠕動增加，消化液分泌增加，從而增進了食慾，提高了消化功能。

在練「入定態」時，要求排除雜念，也就是大腦對身體之干擾降低，此時自主神經系統對自然去調適內臟及內分泌，修復整個身體，促進了身體的健康。

總之，氣功鍛鍊可以幫助放鬆，消除緊張狀態，能疏通經絡，調和氣血；能提高神經系統協調能力；能降低身體新陳代謝的速率，將多出的能量用作修補身體，抵抗疾病；能按摩內臟，改善消化及吸收能力，能增加營養之傳送及循環能力，凡此種種都能達到防

圖 7. 古埃及時占星術就相當發達。

病治病，健康長壽的目的。

進入「入定態」，腦的生理活動下降，雜訊降低之故，使得外界存在很微弱的訊息，有機會進入大腦，不被雜訊所掩蓋而爲大腦掌管意識部位所感知，這與一般的電波接收器原理是類似的。

※　　※

〈命運小語〉

＊根據能量不滅定律，物質和能量是可以互換的，依照愛因斯坦的 $E=mc^2$，當物質轉化為能量時，是非常巨大的，原子彈爆炸就是個例子。

＊有些人容易進入氣功狀態，主要是他體內的電磁狀態條件適合，這大部分在出生的一刻所決定，就命相學來說，這些人是好命的一群。

＊你的運氣很好，手氣、元氣、氣色、財氣旺……。所以古人之所謂好命，應該是處於一種氣功狀態。

腦波

每一個人，每一天、每一秒，不論在做什麼，甚至睡覺時，我們的大腦都不時地會產生「電流脈沖」，這些由大腦所產生的電流，稱之爲「腦波」。腦波依頻率來分，大致可分爲四大類：α（有意識）、β（意識橋樑）、θ（潛意識）及δ（無意識）波，這些意識的組合，形成了一個人的內、外在行爲及學習上的表現。近代電腦科技，已可將腦波透過「腦波測量機」，呈現在顯示器上。

科學家證實α波增強時，免疫力就會相對的增強，免疫力增強時，人就不容易生病，科學家也曾利用增強α波的方式，治療癌症的病患。θ波顯示具有催眠的作用。調整腦波可以改善內分泌系統，及細胞的組織與結構。

αβθδ波的不同

α波（8-12Hz）

1. α波是「意識與潛意識層面」之間的橋樑。

2.作白日夢。

3.想像力的來源

4.身體放鬆、心不在焉、開放心胸。

β波（38－14Hz）

1.屬於「意識層面」的波。

2.邏輯思考、計算、推理等智力的波。

3.注意力集中在外在的感官世界上。

4.努力地想解決問題。

5.壓力很大、心理不適、焦慮、緊張、憂慮、不自在。

θ波（4－8Hz）

1.θ波是屬於「潛意識層面」的波。

2.存有記憶、知覺和情緒。

3.影響態度、期望、信念、行爲。

4.創造力與靈感的來源。

5.深睡作夢、深度冥想時。

6.心靈覺知、個人見識較強、個性強。

δ波（0.5-4Hz）

1. δ波是屬於「無意識層面」的波。
2. 是恢復體力的睡眠時所需要的。
3. 直覺性與第六感的來源。
4. 意識的雷達網。

每一個人的先天腦中，都沉潛著某種優越的才能，只要能夠把這項才能引導出來，每個人都可以成功，都可以有好命運。而要引導出來，就要讓腦能發出α波，如果每個人都能多做正面的思考，腦內自然會發出α波，並分泌出獎勵腦的腦內嗎啡，帶來以前所沒有的充實、活力及積極的意念的感覺。

冥想可以增加腦內α波及腦內嗎啡，人體肌肉或血管等的毛病，都可以因此得到緩解，冥想的效力就是這麼厲害。當冥想進步之後，使腦內呈現一片空白，這就是本來的冥想狀態，不過，若沒有經過相當的訓練，不足那麼輕易可以做到的。通常越是想要做到萬念皆空 雜念越會湧現出來，非常不易進行空靈意境。

禪或瑜伽等就是種冥想，其實東方醫學中所說的冥想，也不是那樣固定的型態，更不是使腦袋空空那樣的型態，只心中浮現出使自己感到心情很舒服的事物，也算得上一種冥想。例如：想想有關自己最愛的人的事情，一次愉快的記憶等，也都是屬於冥想之類。還有美麗的景色、有趣的事物、抒情音樂、繪畫等的藝術，甚至溪流聲、鳥的鳴叫聲、海浪聲、風聲等，都是令人快活的素材。

另外，運動也是促使α波出現的方法，若每天行走二十分鐘，不但不會使肌肉衰退，也可以完全燃燒脂肪，若在此時進行冥想的話更好。

傳統上，東方醫學擅長促進血液暢流，那就是指壓療法及氣功的健康法。尤其是利用深呼吸和體操，來促進體內的氣和血循環的氣功，對於預防成人病極有著效，也是一種分泌腦內嗎啡的醫學。

當腦波呈現α波時，就會分泌出腦內嗎啡。不過，在現實生活中，很少人能幸運地擁有促使α波呈現的機會。為這樣的人設想，目前也有人工製造α腦波的機械產品。

在治療上的病例個案，先使患者去徹底想像自己所喜歡、所高興的事物，經此過程則會分泌出腦內嗎啡，心情會變得非常舒暢，至少可利用喜好的心像消除雜念。只要清除雜念的出現，不久就能達到真正冥想的境界，即使無法到這個忘境只要依靠體內嗎啡的功能，便能使身心所有的部位得到好轉，提升自然治癒力。

※　　※

〈命運小語〉

*腦波控制了一個人的生理與心理，腦波也數電磁波的一種，所以必然受地磁變化的影響。

*美國有一個人為了破記錄，歷經幾天不眠之後，腦波變得異常了，從此個性鬱鬱寡歡，不久之後終於自殺了結了生命。

*東方醫學的氣功健康法，利用深呼吸和體操，來促進體內氣和血的循環，對於預防成人病極有著效，是一種讓腦波呈現α波分泌腦內嗎啡的醫療法。

遠紅外線的影響

遠紅外線是陽光的一部分，通常我們用肉眼所能看到的光波爲紅、橙、黃、綠、藍、靛、紫七色，其波長爲〇・四—〇・七五微米稱爲可視光，而超過此範圍，爲人肉眼無法看見的〇・七五—一〇〇〇微米的光波稱爲紅外線。

紅外線又分成近、中、遠紅外線，對人體最有益的是四—十四微米的遠紅外線，我們稱之爲「生育光線」，這種「生育光線」對生物的生育有密切的關係。

成生物有機物的細胞，主要成份爲水及高分子化合物。生育光線能使水分子團因縮小而活化，其頻率與細胞分子，原子間的振動頻率一致時，其能量即被生物細胞所吸收，造成共振，使分子內的振動加大，進而活化組織細胞，促進血液循環，加速供給養份和酵素增進新陳代謝。除可增強免疫力外，亦有防臭、乾燥、除濕、抗菌等效果，對於植物的育成，味道的改變均功效。人體的水份約佔六十%以上，因此健康的水，以及活化細胞的產品，對人體的保健是很重要的。

美國太空總署（ＮＡＳＡ）研究報告指出，對人體有幫助的六－十四微米的遠紅外線，能滲透人體內部十五公分，從內部發熱，從體內開始作用，能促進微血管的擴張，使血液循環順暢，達到新陳代謝的目的，進而增加身體的免疫力及治癒率，同樣，人體也會放射出同一波段的遠紅外線。

國際生物氣象學期刊曾經報導，陶瓷片所釋放出的遠紅外線有促進大白鼠生長的效果，即暴露在遠紅外線中，大白鼠的生長較好。人體的實驗中也發現，睡夢中以遠紅外線照射頭部，可以紓解壓力及改善失眠的情形。

在中國已有三千年歷史的「氣功運氣療法」，現在吸引了一部分科學家的注意，氣功師將丹田集中的「氣」運到手上，再將手放在患者額頭上放射出「氣」以治病，事實上確有治療效果。

一九七八年五月創刊的《自然雜誌》，及中國具有權威的科學雜誌，也屢次刊登氣功療法研究論文，研究發現從氣功師的手心，會放射出特殊的紅外線，可見氣功療法絕不是無稽之談。將氣功師所放射出來的紅外線，記錄下其波長及強度，再改以紅外線發熱器，模擬做氣功療法，可以得到和氣功療法同樣的治療效果。

根據調查顯示，現代人半數以上都有感受到程度不同的壓力。生物體受到壓力後，其體內的諸多平衡便會遭到破壞，若壓力是短暫性的，生物體會藉由自律神經及荷爾蒙的作用，再度恢復正常，但若持續過久，就會有所謂的壓力病。

適當的壓力可以激發潛能，但過分的壓力則會造成頸肩緊繃、頭痛、心悸、胃痛、氣喘……等生理症狀，情緒上則會有易怒、失眠、疲倦等反應，這些問題可以透過放鬆訓練，及其他壓力管理方法獲得解決。

現代的上班族，一到下午就開始頭痛、肩痛，所以工作精神無法集中，顯得有氣無力的樣子，回到家都要經由熱敷、按摩，症狀才會獲得改善，這多半是工作壓力造成的身心症，肌肉收縮性疼痛，而這些經過遠紅外線照射後，問題都可以解決。

遠紅外線在減肥的應用上也頗受囑目。肥胖者因心臟病、動脈硬化、腎臟病等死亡的比率較一般人高出許多，改善肥胖可從適當的運動及飲食療法、物理療法、荷爾蒙療法、藥物療法等獲得改善，如果在再加上紅外線三溫暖療法，燃燒體內多餘的脂肪，效果將更顯著。

遠紅外線三溫暖，可將多餘的脂肪，隨著大量的汗排泄出來，所以對減肥可以發揮很大的效果。流汗減肥法是利用汗的流失來減肥，因爲皮膚每氣化一毫升的汗，可消耗約○・五八千卡的熱量，所以大量的流汗對減肥非常有幫助。

但單靠流汗是無法達到減肥效果的，因爲流汗減輕體重，和脂肪組織的代謝旺盛，分解進而排泄的生理作用不同。與其迅速的流汗達到減肥效果，不如慢慢的促進新陳代謝，將多餘的脂肪消耗掉要來得理想，而遠紅外線三溫暖，除了能使血液中的水分喪失，流汗鹽分也被排出體外，同時可促進脂肪組織的旺盛代謝，真正燃燒體內的脂肪。

日本曾將遠紅外線用於黴菌感染的輔助治療上，像香港腳、股癬及頭癬等病患，配合藥物治療，可使藥物的效果增強。

近年來遠紅外線的保健產品相當多，有些是放射率太低，功效不彰，或是有效波段錯誤，及無法與身體產生有效熱交換等，使得效果減低不少。

※　　※

〈命運小語〉

*點燃艾草可以對穴道進行艾灸，主要是利用其紅外線，可有打通血路之功用，發功時可以放出或吸收紅外線，所以有以氣功打通任督二脈之說。現在有用頻譜輻射度量儀、熱像儀等研究艾草之紅外頻譜，模擬出替代艾灸之紅外線熱源。

*練氣功時手掌可放出遠紅外線，而陶瓷類加熱也會放出遠紅外線，醫學研究顯示二者都有增強免疫及紓解壓力的效果。

瑜伽

古代的印度人相信，人作爲個體或部分，是有方法與宇宙整體的能量聯合起來的。他們稱宇宙之整體爲「梵」，而「瑜伽」便是達至「梵我合一」的境界。印度古代的經典，一再提到「瑜伽」，而中國儒家所說的「天人合一」，也是這個意思。

瑜伽是一種很古老的知識，雖然其他文化亦有類似的知識，但一般學習瑜伽的人士，皆歸宗於印度的古籍，其中較爲人熟知的是《薄伽梵歌》（Bhagava Gita）以及帕怛迦利所著的《瑜伽經》（Yoga Sutra）。

《薄伽梵歌》談到瑜伽三種不同的進路，以適應不同的人。而帕坦迦利所著的《瑜伽經》，更被視爲瑜伽的教本。可是這種遠古的知識漸漸失傳，經典上的境界變成可望而不可及。後來在印度更出現一些瑜伽術士，希望通過一些近乎方術的方法，來提升人體內的能量。

一個訓練有素的瑜伽師父，可以多天不吃不喝，使心跳加速或減慢……等等。神奇的瑜伽術，一直吸引著世界各國科學家的目光。目前印度除了宗教瑜伽之外，還有大量的世俗瑜伽，後者以修身養性，防治疾病、延年益壽爲目的。

一九三五年，印度德拉斯省的瑜伽師父克里什哈里自稱能使心跳停止。法國心臟病專家用手提式心動掃瞄儀觀察，克里什哈里先吸了幾口氣，緊接著入定，結果脈搏摸不到了，心音聽不到了，心跳圖呈一條直線，證明心臟已停止跳動，但人還活著。

一九六一年，新德里的醫生觀察了三個自稱能夠停止心跳的瑜伽師，結果也證實脈搏、血壓、心音都停止了。

瑜伽師的表演過程是：先深深地吸氣，然後憋住氣，用力於喉肌、胸肌和腹肌使急劇提高腹壓，從而大大減少靜脈血流入心室，使心室充血不足，心臟活動大大減弱，以致摸不到脈搏、量不出血壓，也聽不到心音了。當然，只有練過多年的瑜伽，才能產生這種神奇的效果，一般人很可能引起昏厥甚至死亡。

〈命運小語〉

＊瑜伽也是一種靜坐法

＊在《瑜伽經》，持戒、精進、調身、調息、攝心、凝神、入定、三摩地，是瑜伽的八個步驟。這是從最初步的調理身體開始，一步一步令人達到瑜伽（自覺）的境界。

※　※

靜坐

超覺靜坐（Transcendental Meditation，簡稱ＴＭ）是種靜坐技術，超覺靜坐可以爲人帶來比睡眠更深兩倍的休息，消除壓力和焦慮，促進身心健康，激發創造力，增進記憶力，改善人際關係，使人獲得內在的喜悅與圓滿。

心理學家說，一般人只使用心智潛能的百分之十。有許多潛意識的力量尚有待開發。超覺靜坐引導意識活動沈潛進入思想的精微層面，並抵達思想的源頭。這過程啓動潛意識的動力，擴大意識力的範圍，把百分百潛能充分開發出來。

腦波的研究顯示，在超覺靜坐的練習中，大量的α波從大腦頂葉擴散至大腦前葉，平均分布左右腦。在二十分鐘的練習之後，這種協調的腦波會持續一段時間。心理學的研究發現，人在愉快、平靜時會出現α波，此時思路清晰、創造力高、記憶力強，對於知識的吸收、貯藏和回憶都有更好的表現。

超覺創始人瑪赫西和現代量子物理學家討論後，認爲創造界的「統一場」，應由一衍生二，即力場和物質場。四個基本力場：強力、弱力、電磁力、引力；四個基本物質場：上旋子、下旋子、荷電輕子、中微子。在彼此交互作用下，逐步構成核子、原子、分子和物質。這是多麼奇妙的想法。

英國威爾斯的約瑟福森是一個矮小、害羞而內向的人，他在二十四歲就得到英國劍橋大學的物理學博士學位，一九七三年獲得諾貝爾物理學獎時才三十三歲，得獎的依據是他在二十二歲時所做的有關超傳導性的研究。

這位物理學界的「神童」在得獎後不到一年，卻轉而對超覺靜坐、靈異現象、人類的智能與語言發生濃厚的興趣，他現在每天都要花數個小時靜坐，這位只對「追尋能洞悉真實之本質的新見地有興趣」的科學家認爲，他目前的研究方向對了解「宇宙之真實」而言比「正統物理學」更加重要。

他說靜坐使我對事情的看法自由多了，從一開始靜坐，我就有一些美好的經驗，這好像原本陷身在思想迷霧中的我，突然之間察覺到外在的世界。心靈的問題及意識發展的問題填補了我生活的空缺。

外在的影響──風水磁場

生活環境

地磁場對人腦有一定的影響是肯定的，有說睡床的擺放方向會影響睡眠品質，睡覺時應南北順向，即頭枕在北方，腳向南方。因爲讓主動脈的血流順著地球磁力線方向，身體機能較不受地球磁場的影響而干擾睡眠品質。

此外寢具附近的電磁場也會令你失眠，例如電腦、電子鬧鐘、燈具、冷暖氣機等發出的電磁波，也會擾亂你的腦電波，影響你的睡眠。另外風水也講究穢氣，過量的穢氣會造成思考遲頓、健康受損，也是風水的一大顧忌。

整天在密閉室內打電腦或玩電動玩具，要當心電腦硬體受熱散發出的溴化二苯醚的毒氣，當然不只是電腦，電視及多分子聚合體製作的材料，如塑鋼材質的空氣濾淨器、電熱器等在使用發熱後都會散發有毒氣體，長期處於這種環境下，會有不同程度的中毒現象。因此建議辦公室中央空調不宜採用循環系統，而應採取交換式氣體運作才能避免大家「有毒同享」。

據報導曾有一名兒童整天關在密閉室內打電腦，而後出現肝腫大、掉髮等溴化二苯醚中毒現象。據研究顯示，包括電腦、電視等電器爲防過熱會添入防止電器過熱燒壞的保護劑，而保護劑會散發溴化二苯醚的氣體。

其實只要空氣流通，就能避免傷害，然而爲了節省電費，很多公司行號中央空調系統採用氣體循環，其實只要調轉到氣體交換的方式，員工健康就可獲得改善。至於家裡使用的電腦、電視等，只要把門窗打開通風，就可以避免毒氣傷害。

陽宅學

陽宅學應是分析各人不同的磁場屬性，再在個人空間做磁場調整，使個人與大磁場的頻率、方向及強度相容。風水講的是「氣場」與「磁場」，而也強調生命的要素，如：陽光、空氣及水。

然而現今風水的探討，對影響最大的因素——磁場（風水裡的磁場只算是一種概念，而非物理學上的電磁場），均付之闕如，原因是這場不是肉眼可見的，古人沒有量測的儀器，而現代的風水師也少有科學背景。

所以，現代風水師的新配備應是照度計、溫濕度計、空氣品質偵測器、高斯計，甚至輻射偵測器等。當我們考量到整個宇宙的通則時，對生理、心理的影響，電磁場才應是主要的考量。

金字塔之謎

不少科學家一直在探尋金字塔之謎，相信金字塔能凝聚某種能量，甚至依金字塔尺寸縮小的金字塔型建築，也同樣擁有這種力量。

人們一直納悶著，墨西哥的金字塔和埃及的金字塔，相距數千公里，時間上也相差了幾千年之久，爲什麼造出來的金字塔會一模一樣，於是有人說，這是外星人造訪時所留下的技術，實際上，這種說法是沒有根據，而且很可笑的。

我們祖先的智慧是值得敬佩的，法老王金字塔的內室，是巫師設計來讓法老王通往天堂的梯子。有說宇宙存在著兩種通訊的模式，一種是我們的知覺五官，一種是屬於靈界的，是超越肉體五官及科學的領域，是意識與潛意識的兩種完全不同的型態。金字塔應該說是巫師心靈的產物，它天文的計算是如此精密，尺寸的量測也準確無比，金字塔是一種聚集宇宙能量的特殊造型結構。

根據坊間書籍記載，若將刮鬍刀放置金字塔型建築物三分之一

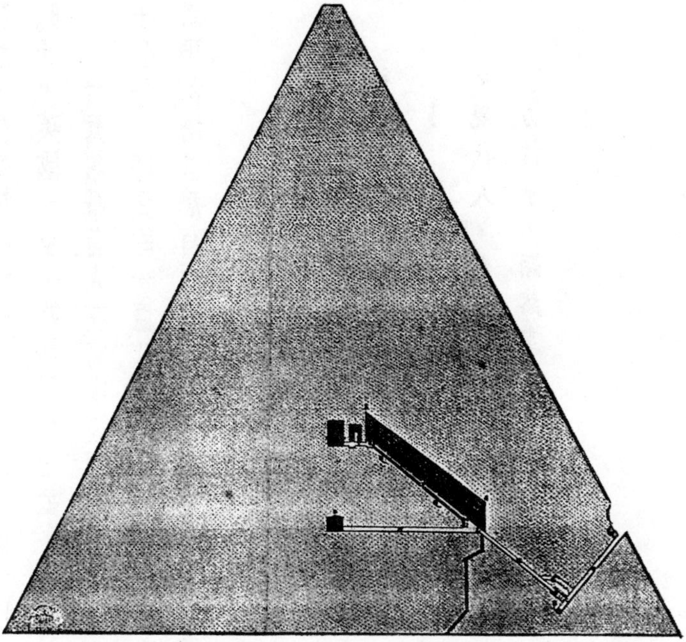

圖 8. 貝努瓦・馬耶在 1735 年發表胡夫（Cheops）金字塔的第一幅剖面圖。

高處，會變得更鋒利，若放置水果等物也不容易腐壞，可保存更長時間，英國一家牛奶商就利用金字塔型保存箱，來保存牛奶鮮度。

台灣報載有人在家中設置一座小型金字塔，金字塔邊長二百七十公分，塔高約一百八十公分，四個塔角對準東西南北四個方位，塔頂和塔底都有通風口，在金字塔內打坐時，確實覺得靈力大增。

※　※

〈命運小語〉

＊金字塔型建築或許可以讓電磁場均勻分佈，少有擾動吧！

＊現代人，對於變電所或輸配電鐵塔蓋在自家附近，都極力抗爭，顯然電磁場影響的觀念已深植民心。

風水磁場的道理

「風水」一詞，是種俗稱，古時候稱「堪輿」。有說一個人出生在這世界上，是受天地之氣而生，感於地上「五行」之氣，天上「諸星」之氣，而表徵在出生的時辰中，即是在八字中給予啓示。

今天儘管許多政府首長避談氣或風水等問題，然而私底下只要新官上任，都會調整辦公室的擺設到對自己有利的方位，據說調整好的會升官發財，調整不好則會影響其官運，風水之說，已深入人心。

爲什麼調整風水陽宅會帶來好運？因爲它考量了生命要素、磁場方位，這些會影響我們的心理、視覺、潛意識及體內電磁場。辦公室擺設清爽宜人，自然影響到自己的工作情緒及訪客的心情，辦事效率高，溝通協調無往不利。

來自大陸的特異功能人士李建軍的書裏這麼寫到，連戰先生與宋楚瑜先生在總統大選之前，在祖墳上進行了一場攻防戰，結果魚蚌相爭，漁翁得利。台灣經營之神王永慶先生的祖墳，大家都稱是龍穴，就是這些道理。科學的風水應是極其複雜的運算與判斷，一眼見過即可斷論，算是種藝術吧！

※　※

〈命運小語〉

＊就時間循環的觀點來看，地磁變化隨一天不同時辰而變化，更有每個月三十天的循環，及一年十二個月的變化。然而太陽黑子的十一年循環，和紫微斗數的大運十年，十二生肖的十二年是有點落差。行星運轉造成的重力變化，可使地球內部融溶金屬流動，同樣影響地磁變化。

＊就影響的程度而言，地磁對人的思維、情緒、健康的影響是最大的，所以地磁變動操控著人的命運。但藉著練功、瑜伽等，運用調整呼吸的方法，可以改善人的腦波，及體內的電磁狀態，使受地磁的影響減到最小。

9. 你可以開創成功

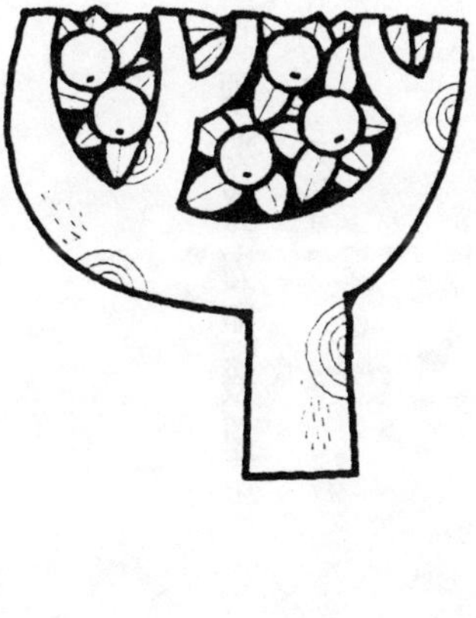

成功的原因

命相好的人容易成功，但不一定成功，成功須要努力與機運，更要有方法，一再重複使用導致錯誤的方法，必定失敗。

聖經舊約的傳道書第十一節：

快跑的未必能贏，

力戰的未必得勝；

智慧的未必得糧食，

明哲的未必得資財，

靈巧的未必得喜悅；

所臨到眾人的，只是「時間」與「機會」。

失敗有失敗的因素，成功有成功的秘訣，要成功，首先我們必須先確立人生航行的目標，將目標轉換成強而有力的動力，並磨練自己的判斷力與決斷力，及創造及運用機會。此外，我們的工作方式，不能停留在較長時間的摸索階段，而是要能運用專業素養。

所謂成功，不外是追求慾望的努力結果，而會使自己努力，又導因於有強烈的慾望。有了強烈的慾望，能出現令人無法置信的動力，愈是強烈的念頭，你便是愈往那裡想，朝那目標的行動也就愈多，結果成功的機會自然就愈高。

人與人之間的關係也相當重要，孤軍奮鬥是不容易成功的，因此要讓人賞識自己、瞭解自己。不論任何人，不論有多大才能，當回想成功的經驗時，不難會發現，當你得意時，一定是有別人的助力。因此，對於可能會幫助你實現理想的人，必須要多保持連繫，表示你的才能，這是很重要的。

成功的方法：ＰＤＣＡ法

成功是要從累積小成功而來的，我們要創造成功的循環，才能有大成功。所謂成功的循環就是ＰＤＣＡ（Plan-Do-Check-Act）的方法，也就是〈計劃—執行—查核—改善〉的循環。

一、完善的計劃

要計劃先要有具體的目標，及確認達成目標的條件，做個可行性的評估。目標自然要「遠大」，至少要能優於現況，目標也要越明確越好，最好都能有數字來表示——「我要在六個月內賺五十萬，減重五公斤」。如果你月薪只有四萬，要賺五十萬是不可能的，你必須再兼一份月薪多於四萬的工作，或是有其他額外的收入，不然這目標就不可行。

至於擬定計劃的方法，要使用六W的技巧，即是 what who where when whom how。例如：

事業上——你要賺多少錢？哪些人可能是你的助力？你該從事什麼工作？何時達成目標？如何達成？

學業上——你英語要從七十分進步到八十五分，你該找個好補習班嗎？你該每天早起花二十分鐘來背單字，另外買測驗卷，每週三、六自行測驗。

減肥——你要在六個月內減重五公斤，最保險就是每個月減一公斤。吃減肥藥對你的健康會雪上加霜，要上瘦身機構又超出生活預算，你根據食物熱量表及運動所需卡洛里定出飲食方法，且每週一、三、五下班去跳韻律舞一小時一定會瘦下來。

二、確實的執行

1. **磨鍊決斷力**：有人說：「錯誤的決策還比沒有決策好。」勵志作家拿破崙希爾曾統計分析過一般人失敗的原因，認爲主要是決斷力不足所造成。做事躊躇不前的人，會錯失許多機會。這必須要透過訓練及隨時叮嚀自己來改善。有的人學問很好，又是公家機關的主管，一輩子計劃了許多偉大的夢想，但還是放不下一份穩定的收入，最後退休了，體力精神都大不如前，只好眼睜睜看他的構想，一一被一些初生之犢實現。

2. **發揮意志力**：成功的人都是在最困難的一刻，堅持下去，結果就此柳暗花明又一村。意志力要在平常養成習慣的，像愛迪生的許多發明都是在歷經數十、數百次嘗試後才成功的，這就是他擁有堅忍不拔的意志力的習慣。所以想減肥的人，一天至少一次克服自己，不去吃自己喜歡吃，但又是高熱量的食物，但是也不要忘了嘉獎自己喔。

3.要有專業素養：現在是知識經濟的時代，也是專家的時代，我們不須要樣樣都懂，但要懂得向專家請教。英語不好，找個名師指導，或請教一些英文好的人，他們的讀書方法。許文龍創辦奇美醫院，王永慶創辦長庚醫院都很成功，但他們都不是醫生，就是這個道理。

三、查核成果

分析造成失敗的原因，並列出改善的方法

例如：

事業上——（原因）開補習班，沒有事先的市場調查，錯估形勢，雇用師資向心力不夠。

（改善方法）事先訪查，考慮市場的吸納，加盟知名補習班，選定好的門面，師資入股分紅，訓練自己有能力披上戰袍。

學業上——（原因）考試粗心大意，文法閱讀能力太差，看書環境太吵，無法專心。

（改善方法）到圖書館或K書中心，互相感染K書的氣氛，請教別人選一本好的文法書，備本筆記簿，記錄下所有生疏的文法，並時常複習，多準備一些英文文章或報紙看，多自我測驗，叮嚀自己不要再粗心大意。

四、擬定改善計劃

根據該改善的方法擬定改善計劃，運用六W的方法，周而復始，回到計劃→執行→查核→改善的循環。

名著成功精華選讀

一、《藉著積極的精神準備而成功》拿破崙·希爾&克萊

曼．史東合著

拿破崙．希爾從長年的經驗中，發現到「成功的十七個原則」就是：

一、積極的精神準備
二、明確的目標
三、誇大其辭
四、正確的思考方式
五、懂得自我規律
六、指導性
七、信仰心
八、令人喜愛的性格
九、自發性
十、富有熱忱
十一、被控制的注意力
十二、團隊精神

十三、從失敗中學習

十四、創造力的思考方式

十五、建立時間和金錢的預算

十六、保持健康

十七、宇宙力量的利用(人人共通的法則)

爲了達成這些法則，最重要的是要「和世界上最重要的人物會面」，也就是「自己」。不論是慾望、希望、夢想、財富，一切「人生」的開端，首先是從了解自己開始，自己若不能尊敬自己、信賴自己的話，皆無法實現任何慾望和夢想。

※　※

二、《成功哲學》拿破崙．希爾著

——湧出意念和自信

提及成功哲學，拿破崙說：「對效果不要著急，要有耐心地努力，人生中有成功和挫折，三天打魚兩天曬網的人，永遠不會有成功的一天」。拿破崙．希爾導出「失敗的條件」和「失敗的法則」，換言之，若走和這些法則不同方向的路，應該就會成功。

拿破崙．希爾以失敗者共通的特質，列舉出：

1.欠缺明確的目標。2.因缺乏自我管理而生病。3.因性生活的爛用而缺乏動力。4.因運動不足而缺乏體力和持久力。5.呼吸法的錯誤。6.欠缺忍耐力。7.欠缺決斷力。8.欠缺恐懼心。9.配偶選擇的錯誤。10.交錯朋友。11.工作選擇錯誤。12.沒集中方向。13.欠缺熱忱。14.不注意健康的生活。15.欠缺幫忙的精神……等等項目。

檢查這些項目，而知道自己應該怎麼做，並做更正的話，自然而然就可開啓成功之路。

※　※

三、《願望必可達成》洛巴特．H．席拉W

——藉著感動、經驗的成功法則

國際知名的席拉，提倡度過積極人生的思考，自己也親身體驗。

席拉的法則將一切的行動和結果與基督教教義相結合，這一點讓信其他宗教的人很難接受，她主要是將自己的目標或計畫，向大家發表，以鼓勵自己積極去行動。的確，利用向大家發表這件事來激勵行動是很重要的，可是也有負面的影響。席拉理論的優點，主要是明白舉出八個項目，證明這些都不是阻礙成功的絆腳石。

這八個項目就是：1.年紀太大。2.條件不好。3.沒有太多時間。4.出身太低。5.家庭環境不好。6.不認識大人物。7.人種。8.沒有受過充分的教育。

※　　※

四、《打動人生的魔術》D．J．施瓦爾著

喬治亞州立大學教授施瓦爾，經過三十幾年調查事業成功的人，發現成功的祕訣，其重點在於不能和一般人一樣過一天算一天，而是要將「一天變成八天」，這一點的四個祕訣就是：

1.要「以一流爲目標」，考慮自己能做什麼、怎麼才能做好這件事情。

2.爲了達到目標，而考慮要做什麼、要怎麼做的方法。

3.不成爲抬轎夫，要做個「搭轎者」。

4.致力於「今天一整天」，照所規劃的生活下去。

據他而言，不論是誰，若有心的話，在自己的腦中就會產生強烈的動力。據說他每天用一分鐘的時間，以「六十秒PR法」，不斷地唱著自己是想成就大事業的人，來增強自己的動力。

※　※

五、《你也可以成為有錢人》喬瑟夫．瑪菲著

——瑪菲的成功法則

瑪菲的「成功想念術」，也就是在每天就寢前，在解除全身緊張的「半昏睡狀態」之時，模擬「明天的預定」的方法。以具體的印象，強而有力地描繪出自己的願望，不斷地輸入潛在意識中。此外，瑪菲也說：「請成爲向上的人吧！若是妳的思想和感情一致的話，就會脫離孤獨、恐怖、疾病、貧困、自卑感等」。瑪菲以某位美容師的經驗，「商業成功的三階段」爲例：

1.一天數次，每次五分鐘，想像銀行經理因爲你戶頭存款增加，而頻來祝福。

2. 一天數次，每次三到五分鐘左右，想像因生意興隆而高興的母親的聲音。

3. 對每一位客人皆以最愉快的心情來服務。

如此一來，據說不到三個星期，她的美容院變得高朋滿座。總之，巧妙的運用自我內心中的潛在意識，可以引來好運、開拓運氣、使商業興隆而成爲富翁，也就是在每個人的腦中，存在有無限的潛力。

※　※

另外告訴你：成功者絕不放棄，放棄者絕不成功。

有一個人，他在……

二十一歲時，做生意失敗。

二十二歲時，角逐州議員落選。

二十四歲時，做生意再度失敗。

二十六歲時，愛侶去世。

二十七歲時，一度精神崩潰。

三十四歲時，角逐聯邦衆議員落選。

三十六歲時，角逐聯邦眾議員再度落選。

四十五歲時，角逐聯邦參議員落選。

四十七歲時，提名副總統落選。

四十九歲時，角逐聯邦參議員再度落選。

五十二歲時，當選美國第十六任總統。

這個人就是美國歷史上偉大的林肯總統。

10. 結　語

就時間循環的觀點來說，地磁變化隨不同時辰而變化，有每個月三十天的循環，及一年十二個月的變化，這和命相學的時間循環一致。就影響的程度而言，地磁對人的思維、情緒、健康的影響是最大的，所以地磁變動操控著人的命運，這也符合了宇宙作用力的範疇。

科學只是讓我們更相信神的存在，而且事實上，祂一直活在每個人的心中。人實在是太渺小了，生命也非常短暫，讓這世界更和諧是每一個人的責任，不要太堅持意識型態，也不須爭權奪利。這宇宙的神，就如同祂所創造的大自然一樣，是要求井然有序，有規則可循的，就像ＤＮＡ、化學元素排序、原子排列等。所以科學的命運觀讓我們更瞭解，善有善報、惡有惡報的循環理論。

看世紀末的交接之際，台灣社會爲了資產縮水、失業等問題自殺的人時有所聞，從另一個角度看，「既然死都不怕了，那活著還有什麼好怕的」。

而報載百業蕭條之際，唯獨算命一枝獨秀，顯然社會大眾在茫然之際，還是會想以這古老的方法來爲自己指點迷津。

《白鯨記》裏的老人，一生堅毅的爲目標而努力不懈，他說：「如果命運早就註定了，那人還活著做什麼。」很多人就是爲了實現一個理想而活著，例如在實驗室裏的工作者，慈善機構的義工們，他們的付出，就不完全是爲了金錢。人活著就是因爲對未來仍懷有希望，讓我們一起爲希望奮鬥吧！

11. 附錄

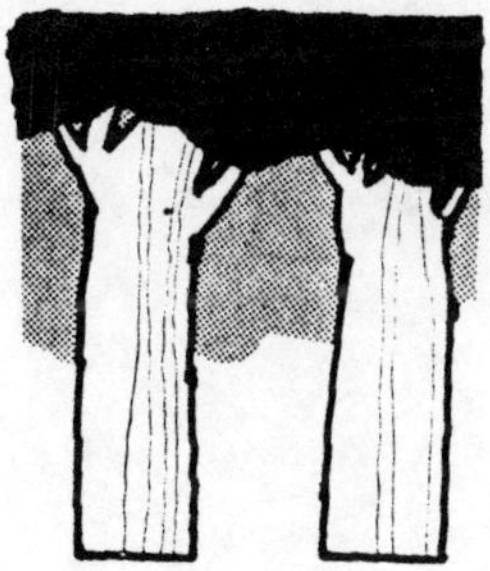

一、紫微斗數命盤

天干地支與陰陽五行

十天干

十天干	數目	五行	方位	色系	器官	陰陽	五常
甲	1	木	東	青	膽	陽	仁
乙	2	木	東	青	肝	陰	仁
丙	3	火	南	紅	小腸	陽	禮
丁	4	火	南	紅	心	陰	禮
戊	5	土	中	黃	脾	陽	信
己	6	土	中	黃	胃	陰	信
庚	7	金	西	白	大腸	陽	義
辛	8	金	西	白	肺	陰	義
壬	9	水	北	黑	膀胱	陽	智
癸	0	水	北	黑	腎臟	陰	智

十二地支

十二地支↓	子	丑	寅	卯	辰	巳	午	未	申	酉	戌	亥
數目↓	1	2	3	4	5	6	7	8	9	10	11	12
陰陽↓	陽	陰	陽	陰	陽	陰	陽	陰	陽	陰	陽	陰
五行↓	水	土	木	木	土	火	火	土	金	金	土	水
生肖↓	鼠	牛	虎	兔	龍	蛇	馬	羊	猴	雞	狗	豬

※紫微斗數簡易命盤製作步驟

例民國八十九年七月十七日丑時出生　男命

1. 將出生年改為干支年

紫微斗數依農曆出生時辰製作命盤

必須熟悉資料：

十天干：	甲	乙	丙	丁	戊	己	庚	辛	壬	癸
數目代表：	1	2	3	4	5	6	7	8	9	0

十二地支：	子	丑	寅	卯	辰	巳	午	未	申	酉	戌	亥
數目代表：	1	2	3	4	5	6	7	8	9	10	11	12

求天干公式：民國生年數字－2＝XX　看個位數即天干。

89－2＝87　個位數爲7，即天干爲庚

求地支公式：生年總數÷12＝XX……餘數　看餘數

即爲地支。

89÷12＝7……餘5　即地支爲辰。

即爲　庚辰年

2.安命、身宮

以生月配合生時安之

歌訣：地支寅宮起正月，順數生月問前程，數到生月停一停，逆數生時安命宮，順數生時安身宮。（一個月跳一宮，一個時辰跳一宮）

十二時辰：	子	丑	寅	卯	辰	巳	午	未	申	酉	戌	亥
時　間：	23-01	01-03	03-05	05-07	07-09	09-11	11-13	13-15	15-17	17-19	19-21	21-23

3. 安命盤十二宮

〔男命女命皆逆安〕

十二宮順序爲從命宮起逆排爲兄弟宮、夫妻宮、子女宮、財帛宮、疾厄宮、遷移宮、朋友宮、事業宮、田宅宮、福德宮。

4. 地支佈天干

以生年天干定之

五虎遁歌訣：甲己之年起丙寅，乙庚之年起戊寅，丙辛之年起庚寅，丁壬之年起壬寅，戊癸之年起甲寅。

●掌中記憶訣

拇指	食指	中指	無名指	小指
甲	乙	丙	丁	戊

己	庚	辛	壬	癸
↓	↓	↓	↓	↓
丙	戊	庚	壬	甲

5.定五行局

依命宮天干地支來定

天干↓ 地支←	甲乙	丙丁	戊己	庚辛	壬癸
子丑午未	金四局	水二局	火六局	土五局	木三局
寅卯申酉	水二局	火六局	土五局	木三局	金四局
辰巳戌亥	火六局	土五局	木三局	金四局	水二局

6.安紫微星

公式：（生日＋N）／五行局＝P（可以整除）。N爲任何數。

當N爲偶數時，紫微星位置是P＋N＝?

當N爲奇數時，紫微星位置是P－N＝?

以寅宮爲一數到?，即是紫微星宮位。

7. 安紫微星系〔共六顆星〕

歌訣：紫微逆去是天機，隔一太陽、武曲、天同，空二格是廉貞位。〔按照歌訣一顆星填一格〕

8. 安天府星

天府星在寅申宮與紫微同宮

9. 安天府星系〔八顆星〕

歌訣：天府順行有太陰、貪狼、巨門、天相、天梁、七殺隔三格是破軍。

10. 安六吉星

〔天魁、天鉞、左輔、右弼、文昌、文曲合稱爲六吉星〕

天魁、天鉞歌訣：甲戊庚牛羊。乙己鼠猴鄉。丙丁豬雞位。六辛逢馬虎。壬癸兔蛇藏。

十二地支：子丑寅卯辰巳午未申酉戌亥

生肖：鼠牛虎兔龍蛇馬羊猴雞狗豬

安文昌、文曲歌訣：文昌〔戌宮起子時，逆到生時安〕

文曲〔辰宮起子時，順到生時安〕

11. 安祿存及六煞星

安祿存星歌訣：生年天干甲祿在寅。乙祿在卯。丙祿在巳。丁祿在午。戊祿在巳。己祿在午。庚祿在申。辛祿在酉。壬祿在亥。癸祿在子

安羊刃、陀螺歌訣：祿前羊刃地，祿後陀螺鄉。（祿存前一格安羊刃，後一格安陀螺）

12. 安大限

（從命宮起每十年移動一個宮位，陽男陰女順行，陰男陽女逆行）

水二局二歲起運。木三局三歲起運。金四局四歲起運。

土五局五歲起運。火六局六歲起運。

甲丙戊庚壬→爲陽

乙丁己辛癸→爲陰

二、從節氣看個性

☆立春節（二月四日至二月十八日）

雨水氣（二月十九日至三月五日）出生者

節氣特性：立春是一年最重要的日子，這一天開始，冰雪漸解凍，風向漸轉東，大地回春，而這天也是計劃整年農事的開始，象徵著純樸、踏實的特性。

個性特質：在此時節出生的人，個性上較爲厚實，脾氣溫和，對事務用心專研，感情方面較爲內斂，往往是愛在心裏口難開，給人慢半拍的感覺。

☆驚蟄節（三月六日至三月二十日）

春分氣（三月二十一日至四月四日）出生者

節氣特性：三月的景象，是百花盛開的時候，這時候氣溫慢慢回升，鳥語花香，春雷乍響，萬物開始復甦，蟄伏過冬的動物活動了起來，而農人們則開始忙著播種、插秧，是一個萬象更新，生命力起飛的時節。

個性特質：在此時節出生的人，個性方面給人清新的形象，做事暴發力極強，但煩惱多，在感情方面，很得異性的青睞。

☆清明節（四月五日至四月十九日）

穀雨氣（四月二十日至五月五日）出生者

節氣特性：這個時節給人的感覺是春光明媚，大地一片欣欣向榮，令人神清氣爽，景色明媚，也因此稱爲清明節。

個性特質：在此時節出生者較重情義，是一個肯爲朋友犧牲的人，而同時也是一個擅長辯論的人。在感情面，雖然長相平凡，穿著打扮得體，十分有異性緣。

☆立夏節（五月六日至五月二十日）

小滿氣（五月二十一日至六月四日）出生者

節氣特性：古代立夏和立春是同樣受重視的日子，從這一天起，天氣漸漸炎熱起來，花草樹木都長得十分茂盛，是鳥獸活動力最強的時候。

個性特質：這個時節出生的是活動力很強的人，重感情、好名利，但性情較急躁，容易發怒。而在端午節前氣候冷暖仍然不定，此時節出生者，性情也就常常陰晴不定。感情方面，有不認輸的精神，但有時因爲過於急躁常令人有不勝其煩的感覺。

☆芒種節（六月五日至六月二十日）

夏至氣（六月二十一日至七月六日）出生者

節氣特性：芒種節剛好在端午節的前後，天氣十分炎熱，而農作物也開始成熟，所以稱爲芒種節

個性特質：芒種時節出生的人個性較爲熱情，行動、處事各方面都很敏捷，外表是屬於帥哥美女型的，所以在感情方面，往往是情場上的常勝軍，但由於太亮麗反而令人有不牢靠的感覺。

☆小暑節（七月七日至七月二十二日）

大暑氣（七月二十三日至八月六日）出生者

節氣特性：小暑節的前後，是學校開始暑假的時候，在古代皇室或有錢人在這個時節都避暑去了，而一般人因天氣太熱也顯得意興闌珊。

個性特質：這時節出生的人多半是木訥好好先生，或溫柔體貼的傻大姐，處事態度往往慢呑呑的。感情方面，偶會有一付無所謂的樣子，讓對方又急又氣。

☆立秋節（八月八日至八月二十二日）
處暑氣（八月二十三日至九月六日）出生者

節氣特性：我們常聽說「秋老虎」，那正是立秋後的天氣，立秋後，午後的陣雨漸少，這時的太陽往往比大暑時的太陽還讓人難忍受。

個性特質：古代立秋後是五穀豐收謝天的時節，在這個時節出生的人大都是多才多藝，有領導能力，充滿自信，要注意不要讓人有孤傲而不易親近的感覺，在與人的相處方面很會照顧別人。感情方面，由於對自己充滿信心，容易博得好感，所以總不愁找不到另一半，而常會因不服輸的個性而冷戰或吵架，這是必須注意的。

☆白露節（九月七日至九月二十二日）
秋分氣（九月二十三日至十月八日）出生者

節氣特性：有言「一葉知秋」，在立秋節時並不會感覺到秋天的來臨，而在白露節後，就可以明顯的感覺到夏天已經過去了，取而代之的是秋的涼意，白露過後，早晨的露水漸漸加重，這就是「

白露」。

個性特質：這是一個充滿詩情畫意的楓紅時節，而也帶著幾分淒美，所以白露節出生的人大部分惹人憐愛，在團體中是容易被注意的人，個性上意志堅定、積極進取，但容易鑽牛角尖，生活在自我的世界。感情方面是個溫柔的情人，是容易讓人陶醉的對象。

☆寒露節（十月九日至十月二十二日）
霜降氣（十月二十三日至十一月八日）出生者

節氣特性：深秋的時節，大地的景象是一片蕭瑟，這個時候已聽不到蟲鳴鳥叫的聲音了，而也是一個漸有寒意而且乾燥的時節。

個性特質：在這個時節出生的人有著不認輸的精神，富有極高的同情心，做事講信用，有擔當，但有時會讓人有反應遲鈍的感覺，感情上常容易交白卷。

☆立冬節（十一月九日至十一月二十一日）
小雪氣（十一月二十二日至十二月六日）出生者

節氣特性：「冬」字有終止的意思，這個時節已進入冬季，古時候農作活動也在此時終止，動物也開始冬眠。而這一天大家都知道的，也就是「冬令進補」。

個性特質：此時節出生的人，比其它時節出生的更能適應環境，個性活潑，能輕易的與陌生人熱絡，是社交能手，但要注意心性較不穩定的缺點。感情方面，是個善於甜言蜜語的浪漫情人。

☆大雪節（十二月七日至十二月二十一日）

冬至氣（十二月二十二日至元月五日）出生者

節氣特性：此時的氣溫極低、大雪紛飛，大地覆蓋著皚皚的白雪，此時景象一片雪白，十分亮眼。

個性特質：在此時節出生者是帥哥美女型的，愛乾淨而且是個有智慧的人，處事態度十分圓融，是個天生的公關。感情方面，要注意不要被追求者所迷惑。

☆小寒節（一月六日至一月二十日）

大寒氣（一月二十一日至二月三日）出生者

節氣特性：小寒節是一年節氣中的最後一個，也是一年中冷到極點的時候，此時萬物近乎暫停了活動，等待春天的降臨。

個性特質：此時節出生的人，本性厚道，外柔內剛，是一個富有俠義精神，個性中庸的人。感情方面，很能把握機會，遇到心儀的對象時，常能不動聲色的讓對方在不知不覺中喜歡自己。

三、十二生肖與命運

【鼠】

鼠年出生的人，個性聰敏，思考非常縝密，有爲他人著想的特質。部分屬鼠的朋友，比其他生肖喜愛享受美食帶來的樂趣。屬鼠的人還有一點特性，他們多數不愛受人注目，作風低調。

【牛】

生肖屬牛的人，本性勤勉耐勞，有點固執，也容易衝動，重視感情，屬牛的朋友多對技術工藝等工作感興趣，對於運用智力，他們往往缺乏信心。

【虎】

生肖屬虎的人，外表都很有威嚴，令人有望而生畏的感覺，不過多不善與人交際，主要因爲性格剛烈所致，不易接受別人的意見。

【兔】

生肖屬兔的朋友，性格外表文靜，內心好動，有點狡滑，要奔波得死去活來才開心，不是要養幾個伴侶，就是要做幾份工作，自主獨立性也強，不愛受別人意見左右。不過實在要小心因過於忙碌而影響健康。

［龍］

生肖屬龍的人，性格較爲剛直，外表威嚴，使人肅然起敬，有種神秘氣質，不過要小心思想常有虛幻或過於理想的傾向，比較熱愛追求名譽。

［蛇］

生肖屬蛇的人，生性聰明、善於用計，不過他們往往巧妙地把聰明藏了起來。大部分的人都不愛把自己的材能或真正個性在人前顯耀，他們喜愛出奇不意的表達方式，如果你的愛侶是屬蛇，他們必會花心思使你有意外驚喜，他們也是獨行俠，喜歡獨來獨往。

［馬］

生肖屬馬者，性格不愛受束縛，而且富於思考，喜愛馳騁於思考的大草原，個性外向，喜歡交朋結友，雖然屬馬者愛自由，但不等於他們都很悠閒，事實是他們往往因爲工作而忙碌不堪。

［羊］

生肖屬羊的人，作風處事上不大喜歡作帶頭或領袖的角色，樂於跟從他人的方向，個性大多溫順善良，有時會給人一種膽小怕事的印象，不適何合自行創業，與朋友合作較佳。

［猴］

生肖屬猴的朋友，生性非常聰明，反應靈敏過人，他們有非常濃厚的家庭階級觀念，享受家庭樂趣，本質上較喜愛安定，不愛奔波謀生的生活。

［雞］

生肖屬雞的人，口才最佳，優點是善於分析和批判，可是有時會給人感覺太計較，對細微之事特別感到興趣，對日期、時間或數字，而且可以花上耐性，屬雞的人也愛表現，不管甚麼場合，都希望能有自己的聲音。

【狗】

生肖屬狗的人，性格多數老實，獨立性較差，較喜歡受別人讚賞和鼓勵，非常服從權威。階級觀念很強，家庭觀念也很濃厚，會盡心盡力地為家庭出力。

【豬】

生肖屬豬的朋友一點也不愚蠢，給人的感覺是沒有攻擊性的，其實這是錯覺，其實屬豬的人自覺樣樣條件不佳，唯有向人示好以減少不必要的衝突，所以屬豬的朋友人緣頗佳。而且總體來說，屬豬的朋友財運較其他生肖好。

四、西洋星座算命術

□開朗積極的牡羊座

生　日：三月二十一日—四月二十日

寶　石：紫水晶、鑽石

幸運色：鮮紅色

幸運地點：大都市

守護星：火星

成功特質：勇敢

※優點：

・做事積極、熱情有活力

・有擔當、講義氣

・樂觀進取有自信

・勇於接受新觀念

・有明快的決斷力
・坦白率真

※缺點：

・做事考慮欠周詳
・三分鐘熱度
・自我中心意念
・缺乏耐性
・有一點傲氣
・容易腦羞成怒
・缺乏時間觀念
・不懂得照顧身體

牡羊座之性格

牡羊座具有開朗積極的性格，行事果斷，凡事靠自己，不喜歡依賴他人，容易和對方打成一片，人緣不錯，為人爽直，不畏權勢，不會刁難別人，極具領袖氣質，喜歡接受挑戰，會堅決地貫徹自己的決定。當你下定決心要做某件事情時，就決不會更改，甚至不顧他人感受，這種處事態度，易與人產生衝突。

牡羊座名人錄：

卓別林、俾斯麥、海夫納、馬龍白蘭度、笛卡兒、梵谷、傑佛遜、華倫比提、葛雷哥萊畢克、釋迦牟尼、三船敏郎、工藤靜香、宮澤理惠、堂本剛、巴哈、史提夫麥昆、安徒生、馬歇馬叟

成龍、邱彰、陳文茜、陳田錨、張信哲、鄭怡、瓊瑤、王玉雲、張俊雄、梁詠琪、邱永漢、張曉風、黃子佼、澎恰恰、周俊偉

□親切和藹的金牛座

生　　日：四月二十一日—五月二十一日

寶　　石：藍寶石

幸 運 色：草綠色、一切環保色

幸運地點：靜謐之地

守 護 星：金星

成功特質：務實

※優點

- 有耐性
- 用情很專
- 有藝術天份
- 做事有計劃
- 能堅持到底
- 擇善固執
- 追求和平

・值得信賴

※缺點

・佔有慾太強
・個性頑固
・不善於協調分工
・做事態度過於嚴肅
・缺乏幽默感
・不知變通
・規矩太多
・心思太細膩

金牛座之性格

金牛座非常內向，但卻有著超人般的忍耐功夫，你的意志力很強，辦起事來有條不紊，發現到自己喜愛的事物，就非到手不可。金牛座對待朋友是忠實且誠實，待人很客氣．謙和，獨佔性很強，凡事都靠自己，不但努力，也腳踏實地。最大的缺點是有點頑固，缺少變通，而且個性害羞與內向。喜好一切美好的事物，對音樂、舞蹈的節奏感有著與生俱來的天賦，令人稱羨。

金牛座名人錄：

布拉姆斯、芭芭拉史翠珊、秀蘭鄧波兒、南丁格爾、泰戈爾、柴可夫斯基、莎士比亞、達文西、弗洛伊德、安東尼昆、亨利方達、奧黛麗赫本、羅素、三宅一生、田中裕子、常盤貴子

王貞治、洪一中、李敖、周潤發、林憶蓮、施啓揚、張大千、章孝嚴、陳淑樺、李立群、王力宏

□幽默風趣的雙子座

生　　日：五月二十二日—六月二十一日
幸 運 色：銀色、灰色
幸運地點：海平面之上的高地
守 護 星：水星
成功特質：靈活

※優點

・多才多藝
・足智多謀
・八面玲瓏
・懂得隨機應變
・充滿生命力
・擅長溝通
・適應力強
・風趣幽默

※缺點

・缺乏原則
・過於神經質
・做事重表面
・過於圓滑
・容易緊張
・意志不堅定
・讓人覺得不可靠

雙子座之性格

雙子座的人，口才好，很重視兄弟姊妹和朋友間的感情，使你具有不錯的人緣，頭腦聰敏。應好好的了解自己，掌握自己，避免內心的衝突，由於你敏捷的反應，學習能力強，顯得才華洋溢，雙子座的你有靈巧的雙手，具有創造發明的才能，做事充滿活力。但是由於不穩定的個性，有時後會讓人有不可靠的感覺，需要改善。

雙子座名人錄：

布魯克雪德絲、亨利季辛吉、克林伊斯威特、約翰甘迺迪、約翰韋恩、勞倫斯奧立佛、維多利亞女王、瑪麗蓮夢露、鮑伯霍伯、川端康成、中曾根康弘、美空雲雀、林洋港、許信良、胡瓜、胡慧中、姚嘉文、許信良、陳履安、關中、蘇芮、劉若英、高怡平、馬世莉

□顧家感性的巨蟹座

生　　日：六月二十二日—七月二十三日
寶　　石：瑪瑙
守 護 星：月亮
成功特質：掌握時機
幸 運 色：銀色

※優點

・情感真摯深切
・想像力豐富
・重情義
・有包容力
・直覺敏銳
・懂得體貼
・親切溫暖
・善解人意

※缺點

・跟著情緒走
・提不起放不下
・不知適可而止
・缺乏理性思考
・經不起打擊
・說話拐彎抹角
・過度保護自己
・沉溺於往事

巨蟹座之性格

巨蟹座的人想像力和記憶力都好，你的心雖然很容易受傷，不過會有很多朋友，你是一個羅曼蒂克而怕寂寞的人，一直在追求家庭生活的安定，即使犧牲自己，也會為對方盡心盡力的做事，善待自己所愛的親人、朋友，是標準的賢妻良母或好丈夫、好爸爸。凡事你都給自己訂下目標，不達目的絕不停止，這種太強烈的意志力，有時反而會帶來反效果。

巨蟹座名人錄：

卡夫卡、皮爾卡登、席維斯史特龍、海明威、海倫凱勒、梅莉史翠普、梭羅、湯姆克魯斯、溫莎公爵、達爾文、賽珍珠、中森明菜、草彅剛、廣末涼子

李宗盛、周荃、馬英九、張艾嘉、張學友、陳美鳳、曹啓泰、梁朝偉、羅大佑、任賢齊、吳倩蓮、林佳儀、陳純甄

□開朗活潑的獅子座

生　　日：七月二十四日－八月二十三日
寶　　石：紅寶石
幸 運 色：金色、橘色
幸運地點：寬闊的處所
守 護 星：太陽
成功特質：自信

※優點
・有領導能力
・善於激厲人心
・組織能力強
・對人慷慨大方
・說話算話
・樂觀進取
・不多疑

- 誠懇正直

※缺點

- 好大喜功
- 喜歡指揮別人
- 缺乏耐性
- 自以爲是
- 懷念過往
- 能伸不能屈
- 莫名的優越感
- 喜歡接受奉承

獅子座之性格

獅子座的你平日明朗、充滿活力與愛心，本質上陽剛、樂天，卻也容易傲慢頑固。王者星座的你，具領導能力與俠義風範，充滿活力和強烈的企圖心，卻不善於作深入的思考。擇善固執雖然好，也該有接受別人的雅量，獅子座是衝動誠實的，腦子裡時時想達到一個更高的境界，性情急躁，有崇高的理想，具幽默感，很吸引人。

獅子座名人錄：

大、小仲馬、希區考克、金凱利、香奈兒、拿破崙、歌德、惠妮休斯頓、勞勃狄尼洛、勞勃瑞福、賈桂林甘迺迪、達斯汀霍夫曼、聖羅蘭、瑪丹娜、墨索里尼、蕭伯納、貴乃花、鈴木保奈美、華原朋美、中居正廣

王靖雯、吳念真、李艷秋、邱創煥、林慧萍、星雲法師、徐立德、張小燕、許水德、童安格、彭明敏、庾澄慶、楊振寧、張克帆、王菲、張惠妹、羅碧玲

□清潔整齊的處女座

生　　日：八月二十四日—九月二十三日

寶　　石：瑪瑙

幸 運 色：灰色

幸運地點：小城市

守 護 星：水星

成功特質：追求完美

※優點

・追求完美

・腳踏實地

・事事謹慎小心

・善於蒐集資料

・勤奮努力

・守本份

・謙遜不誇大

・有精確的觀察力

・對愛情忠實

※缺點

・太過吹毛求疵

・嘮叨瑣碎

・杞人憂天窮緊張

・自掃門前雪

・有潔癖頃向

・缺乏接受批評的雅量

・不夠浪漫

・人際關係待加強

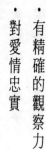

處女座之性格

處女座的人工作認真，而且很現實，辦事能力很強，有文學術藝等各方面的才藝，所以擁有很豐富的話題。你有一股的熱情及羞澀的一面，但你常保持冷靜，所以想法現實而不流於空洞，你是解決問題的高手，感情方面很害羞，不善於表達自己的情感，好奇心很強。你總是寬容，不喜爭鬥，常常扮演和平使者的角色。然而，若是面臨必須作選擇時，會因難以取捨而猶豫不決。

處女座名人錄：

史恩康納萊、伯恩斯坦、克勞迪亞雪佛、李察基爾、英格麗褒曼、麥可傑克森、麥考利克金、基努李維、德雷莎修女、蘇菲亞羅蘭、吉田榮作、安室奈美惠、安達佑實江蕙、余光中、林義雄、高育仁、張曼玉、張國榮、連戰、黃乙玲、趙寧、歐陽菲菲、劉德凱、鄭志龍、顏行書、陳曉東、陳慧琳

□ 善惡分明的天秤座

生　　日：九月二十四日—十月二十三日
寶　　石：橄欖石
幸 運 色：天藍色
幸運地點：公眾場合
守 護 星：金星
成功特質：人際關係

※優點

・公平客觀
・有正義感
・適應力強
・浪漫的戀愛高手
・有外交手腕
・能屈能伸
・對美感有鑑賞力

・善分析
・天生的優雅風采

※缺點

・吃不得虧
・息事寧人
・藉口太多
・好逸惡勞
・常不經意地亂放電
・缺乏自省能力
・優柔寡斷

天秤座之性格

爽朗活潑的天秤座，對人寬容，不喜爭鬥，常常扮演和平使者的角色。然而，若是面臨必須作選擇時，會難以取捨而猶豫不決。由於你待人處事都很誠懇，所以人際關係很好，當朋友有困難時，你會毫不猶豫的幫助他，你在處理事情時總是小心謹慎、再三的考慮，因太多的顧慮使你無法放手去做，需學習堅定的意念。

天秤座名人錄：

尼采、艾略特、艾森豪、卻爾登希斯頓、約翰藍儂、茱莉安德魯斯、尊龍、諾貝爾、羅傑摩爾、甘地、東山紀之、賀來千香子、鄉廣美、黑木瞳、友坂理惠、吳大猷、李元簇、林子祥、林志穎、林語堂、金玉嵐、金城武、苦苓、姜育恆、楊林、齊豫、蔣緯國、劉德華、吳宗憲、鄭伊健、郭源治、賈靜雯

□清潔整齊的天蠍座

生　日：十月二十四日—十一月二十二日
寶　石：黃玉
幸運色：深紅色
幸運地點：近水的地方
守護星：冥王星和火星
成功特質：直覺敏銳

※優點

・深謀遠慮
・恩怨分明
・直覺敏銳
・堅持追求事情的真相
・善於保守秘密
・對人生有潛在的熱情
・對決定的事有執行力

・對朋友講義氣

※缺點

・太過好強
・佔有慾過高
・善妒
・疑心病重
・報復心太強
・明知故犯
・城府太深
・愛恨太強烈

天蠍座之性格

天蠍座的人很安靜，頭腦好，帶著難以預測神秘性，對任何事都很熱心，而且很有耐性。敏感度強，獨佔慾也強，卻發揮不可思議的魅力，為十二星座最有魅力的一個，個性外冷內熱，對陌生的人會愛理不理的樣子，對熟人就會顯得很熱情。猜疑心強，對任何事都抱著猜疑的態度。深沉內斂，沈默寡言，天蠍座的人性情複雜，不善於表達感情，容易給人順從的錯覺，其實，內心是堅決而固執的，一旦失去理智，容易意氣用事，走向極端。

天蠍座名人錄：

甘地夫人、李察波頓、居禮夫人、亞蘭德倫、查理斯王子、茱莉亞羅伯茲、歌蒂韓、某內、畢卡索、費雯麗、凱撒琳赫本、黛咪摩爾、李奧納多、戴高樂、蘇菲瑪索、木村拓哉、手塚治虫、深田恭子

林青霞、周慧敏、孫中山、崔苔菁、郭富城、蔣介石、劉文正、劉雪華、蔡萬霖、藍心湄、蘇慧倫、歐陽菲菲

□ 率直熱情的射手座

生　　日：十一月二十三日—十二月二十一日
寶　　石：綠松石
幸 運 色：藍色
幸運地點：戶外
守 護 星：木星
成功特質：樂觀進取

※優點

・天生樂觀
・對人生充滿理想
・正直坦率
・豐富的幽默感
・酷愛和平
・待人友善
・行動力強

・有自己的處世哲學
・經得起打擊

※缺點

・粗心大意
・心直口快
・缺乏耐性
・不懂人情世故
・不聽勸告
・過度理想化
・缺乏按部就班的計劃
・喜怒太形於色

射手座之性格

射手座天性喜愛自由，善社交，不會記恨，當別人對你有恩時會去回報，不負責任是最大的缺點，具有正義感和愛捉弄人的雙重性格。是個熱愛生命的樂天主義者，天真的性格使你廣受歡迎，但你坦白卻可能因缺乏深思熟慮，導致他人的不悅，但對受迫的人有慈悲心腸，是個坦率而值得信任的人，但個性相當善變．做事通常都是三分鐘熱度，不能秉持到最後。

射手座名人錄：

卡內基、布里茲涅夫、史帝芬史匹伯、伍迪艾倫、貝多芬、邱吉爾、法蘭克辛納屈、珍芳達、索忍尼辛、馬克吐溫、華德狄斯耐、小林幸子、小室哲哉、神田正輝、荻野目洋子、盧泰愚、織田裕二、稻垣吾郎、反町隆史況明潔、周華健、郭小莊、張菲、慈禧太后、黎明、豬哥亮、蔡琴、劉嘉玲

□不畏艱難的魔羯座

生　　日：十二月二十二日－一月二十日
寶　　石：瑪瑙
幸 運 色：綠色
幸運地點：隱蔽的地點
守 護 星：土星
成功特質：謹慎

※優點

・有實際的人生觀
・重視紀律
・有家庭觀念
・對人謙遜
・有幽默感
・做事腳踏實地
・意志力強

‧處處謹慎

※缺點

‧太過現實
‧固執
‧缺乏關懷和熱情
‧不擅於溝通
‧不能隨機應變
‧不夠樂觀
‧個人利己主義
‧過於壓抑慾望
‧太專注於個人的目標

魔羯座之性格

魔羯座是屬於柔順、內向，在冷靜的外表下有著澎湃的情感，對任何人都謙恭有禮，對朋友允諾的事一定會達成，不會背叛朋友，常常沈默寡言用實際的行動，來表現自己魔羯座的忍耐力與持久力，能夠持著強烈的自我與堅定的信念，朝自己的目標前進。因為有強烈的責任感和企圖心，凡事都太過認真，乃至拘泥，而顯得過於剛強，冥頑不靈。

魔羯座名人錄：

牛頓、史懷哲、耶穌、馬丁路德、凱文科斯納、費唐娜薇、富蘭克林、聖女貞德、貓王、老虎伍茲、三島由紀夫、加勢大周、宮崎駿、夏目漱石、德川家康、豐臣秀吉、王永慶、毛澤東、吳火獅、李登輝、周恩來、周華健、辜振甫、黃舒駿、李玟

□古典優雅的水瓶座

生　　日：一月二十一日—二月十九日
寶　　石：紅色石榴石
幸 運 色：藍綠色
幸運地點：繁忙的大都市
守 護 星：天王星和土星
成功特質：革新

※優點

・崇尚自由
・充滿人道精神
・興趣廣泛、創意十足
・樂於發掘真相
・有前瞻性
・擁有理性的智慧
・獨立，有個人風格

・樂於助人
・對自己的感情忠實

※缺點

・缺乏熱情
・想法過於理想化
・不按牌理出牌
・打破砂鍋問到底
・太相信自己的判斷
・沒有恆心
・對朋友很難推心置腹
・過於強調自主權

水瓶座之性格

水瓶座的人富理性，善於分析與思考，具有思想家的氣質，感覺十分敏銳，喜歡追求新奇的事物，喜歡標新立異，愛好自由，所以不喜歡太多的束縛。水瓶座有嚴重的好惡心理，對於喜歡的必極力捧揚，喜怒哀樂表現在臉上。水瓶座的人直覺力非常發達，不論在任何情況下都可以冷靜的觀察事物。

水瓶座名人錄：

克拉克蓋博、克麗絲汀迪奧、伽利略、狄更斯、林白、林肯、保羅紐曼、莫札特、麥克阿瑟、舒伯特、費里尼、畢雷諾斯、愛迪生、雷根、達爾文、松下幸之助、酒井法子陳水扁、王祖賢、司馬中原、巫啓賢、吳敦義、杜德偉、辛曉琪、姚黛瑋、盛竹如、郭婉容、梁啓超、葉玉卿、葉璦菱、錢復、謝深山、李心潔、鄧麗君

□敏銳直覺的雙魚座

生　　日：二月二十日—三月二十日
寶　　石：血石
幸 運 色：淡綠色、海藍色
幸運地點：海邊或近水的地方
守 護 星：水星和海王星
成功特質：善解人意

※優點

・感情豐富
・溫文有禮
・具有想像力
・善解人意
・直覺力強
・心地善良不自私
・信賴別人不多疑

・羅曼蒂克

※缺點

・內向而羞怯
・做事拖泥帶水
・太相信別人
・有時不免情緒化
・做事缺乏魄力
・過份依賴直覺
・欠缺個人風格

雙魚座之性格

雙魚座的人，然而內心常常是複雜而矛盾的，同時存在著善與惡，精神與物質等對立的掙扎，感受敏感，很容易將喜怒哀樂形於色，人際關係良好，待人謙和、率直，不善拒絕別人，如果朋友相託，即使自已知道無法做到還是會答應下來很容易感情用事，感情豐富，很容易掉眼淚，有時則拖泥帶水，對於困境中的人，也能給予同情與安慰，對於自己喜愛的人，即使吃了虧，也願為對方犧牲。

雙魚座名人錄：

戈巴契夫、米開朗基羅、伊麗沙白泰勒、哥白尼、莎朗史東、喬治華盛頓、愛因斯坦、蕭邦、中山美穗、吉永小百合、松田聖子、飯島直子、大澤隆夫、柏原崇

尤清、伊能靜、紀政、洪榮宏、范曉萱、許歷農、宋楚瑜、趙守博、蔡幸娟、徐懷鈺、徐若瑄、郭泰源

請沿線剪下使用

郵寄本頁附回郵信封(五元)寄至：**新竹市郵局1319號信箱**寫下您的生辰八字，可免費獲贈依您的命格製作之『改變命運之秘訣』一份，影印者無效

基本資料	性別： 出生：年：____（民國）月：____ 日：____ 時：____（時辰不清楚打╳）
回函資料	姓名：____ 住址：____

作者簡介：郭 宗德

留美碩士、博士研究

曾任　國家電力量測標準負責人

紅外線檢測實驗室負責人

擁有發明專利、論文、著作權等數十項

熱愛文學、音樂、環遊世界

鍾情探索宇宙、人類、生命的哲理

大展出版社有限公司
品冠文化出版社

圖書目錄

地址：台北市北投區(石牌)
致遠一路二段 12 巷 1 號

電話：(02)28236031
28236033

郵撥：0166955～1

傳真：(02)28272069

・法律專欄連載・大展編號 58

台大法學院　　法律學系／策劃
法律服務社／編著

1.	別讓您的權利睡著了(1)	200 元
2.	別讓您的權利睡著了(2)	200 元

・武 術 特 輯・大展編號 10

1.	陳式太極拳入門	馮志強編著	180 元
2.	武式太極拳	郝少如編著	200 元
3.	練功十八法入門	蕭京凌編著	120 元
4.	教門長拳	蕭京凌編著	150 元
5.	跆拳道	蕭京凌編譯	180 元
6.	正傳合氣道	程曉鈴譯	200 元
7.	圖解雙節棍	陳銘遠著	150 元
8.	格鬥空手道	鄭旭旭編著	200 元
9.	實用跆拳道	陳國榮編著	200 元
10.	武術初學指南	李文英、解守德編著	250 元
11.	泰國拳	陳國榮著	180 元
12.	中國式摔跤	黃　斌編著	180 元
13.	太極劍入門	李德印編著	180 元
14.	太極拳運動	運動司編	250 元
15.	太極拳譜	清・王宗岳等著	280 元
16.	散手初學	冷　峰編著	200 元
17.	南拳	朱瑞琪編著	180 元
18.	吳式太極劍	王培生著	200 元
19.	太極拳健身與技擊	王培生著	250 元
20.	秘傳武當八卦掌	狄兆龍著	250 元
21.	太極拳論譚	沈　壽著	250 元
22.	陳式太極拳技擊法	馬　虹著	250 元
23.	二十四式 三十二式 太極 拳 劍	闞桂香著	180 元
24.	楊式秘傳 129 式太極長拳	張楚全著	280 元
25.	楊式太極拳架詳解	林炳堯著	280 元

26. 華佗五禽劍	劉時榮著	180 元
27. 太極拳基礎講座：基本功與簡化 24 式	李德印著	250 元
28. 武式太極拳精華	薛乃印著	200 元
29. 陳式太極拳拳理闡微	馬 虹著	350 元
30. 陳式太極拳體用全書	馬 虹著	400 元
31. 張三豐太極拳	陳占奎著	200 元
32. 中國太極推手	張 山主編	300 元
33. 48 式太極拳入門	門惠豐編著	220 元
34. 太極拳奇人奇功	嚴翰秀編著	250 元
35. 心意門秘籍	李新民編著	220 元
36. 三才門乾坤戊己功	王培生編著	元
37. 武式太極劍精華 +VCD	薛乃印編著	元
38. 楊式太極拳	傅鐘文演述	元

・原地太極拳系列・大展編號 11

1. 原地綜合太極拳 24 式	胡啓賢創編	220 元
2. 原地活步太極拳 42 式	胡啓賢創編	200 元
3. 原地簡化太極拳 24 式	胡啓賢創編	200 元
4. 原地太極拳 12 式	胡啓賢創編	200 元

・道 學 文 化・大展編號 12

1. 道在養生：道教長壽術	郝 勤等著	250 元
2. 龍虎丹道：道教內丹術	郝 勤著	300 元
3. 天上人間：道教神仙譜系	黃德海著	250 元
4. 步罡踏斗：道教祭禮儀典	張澤洪著	250 元
5. 道醫窺秘：道教醫學康復術	王慶餘等著	250 元
6. 勸善成仙：道教生命倫理	李 剛著	250 元
7. 洞天福地：道教宮觀勝境	沙銘壽著	250 元
8. 青詞碧簫：道教文學藝術	楊光文等著	250 元
9. 沈博絕麗：道教格言精粹	朱耕發等著	250 元

・秘傳占卜系列・大展編號 14

1. 手相術	淺野八郎著	180 元
2. 人相術	淺野八郎著	180 元
3. 西洋占星術	淺野八郎著	180 元
4. 中國神奇占卜	淺野八郎著	150 元
5. 夢判斷	淺野八郎著	150 元
6. 前世、來世占卜	淺野八郎著	150 元
7. 法國式血型學	淺野八郎著	150 元
8. 靈感、符咒學	淺野八郎著	150 元

9. 紙牌占卜學		淺野八郎著	150 元
10. ESP 超能力占卜		淺野八郎著	150 元
11. 猶太數的秘術		淺野八郎著	150 元
12. 新心理測驗		淺野八郎著	160 元
13. 塔羅牌預言秘法		淺野八郎著	200 元

・趣味心理講座・大展編號 15

1. 性格測驗	探索男與女	淺野八郎著	140 元
2. 性格測驗	透視人心奧秘	淺野八郎著	140 元
3. 性格測驗	發現陌生的自己	淺野八郎著	140 元
4. 性格測驗	發現你的真面目	淺野八郎著	140 元
5. 性格測驗	讓你們吃驚	淺野八郎著	140 元
6. 性格測驗	洞穿心理盲點	淺野八郎著	140 元
7. 性格測驗	探索對方心理	淺野八郎著	140 元
8. 性格測驗	由吃認識自己	淺野八郎著	160 元
9. 性格測驗	戀愛知多少	淺野八郎著	160 元
10. 性格測驗	由裝扮瞭解人心	淺野八郎著	160 元
11. 性格測驗	敲開內心玄機	淺野八郎著	140 元
12. 性格測驗	透視你的未來	淺野八郎著	160 元
13. 血型與你的一生		淺野八郎著	160 元
14. 趣味推理遊戲		淺野八郎著	160 元
15. 行爲語言解析		淺野八郎著	160 元

・婦 幼 天 地・大展編號 16

1. 八萬人減肥成果	黃靜香譯	180 元
2. 三分鐘減肥體操	楊鴻儒譯	150 元
3. 窈窕淑女美髮秘訣	柯素娥譯	130 元
4. 使妳更迷人	成　玉譯	130 元
5. 女性的更年期	官舒妍編譯	160 元
6. 胎內育兒法	李玉瓊編譯	150 元
7. 早產兒袋鼠式護理	唐岱蘭譯	200 元
8. 初次懷孕與生產	婦幼天地編譯組	180 元
9. 初次育兒 12 個月	婦幼天地編譯組	180 元
10. 斷乳食與幼兒食	婦幼天地編譯組	180 元
11. 培養幼兒能力與性向	婦幼天地編譯組	180 元
12. 培養幼兒創造力的玩具與遊戲	婦幼天地編譯組	180 元
13. 幼兒的症狀與疾病	婦幼天地編譯組	180 元
14. 腿部苗條健美法	婦幼天地編譯組	180 元
15. 女性腰痛別忽視	婦幼天地編譯組	150 元
16. 舒展身心體操術	李玉瓊編譯	130 元
17. 三分鐘臉部體操	趙薇妮著	160 元

18.	生動的笑容表情術	趙薇妮著	160 元
19.	心曠神怡減肥法	川津祐介著	130 元
20.	內衣使妳更美麗	陳玄茹譯	130 元
21.	瑜伽美姿美容	黃靜香編著	180 元
22.	高雅女性裝扮學	陳珮玲譯	180 元
23.	蠶糞肌膚美顏法	梨秀子著	160 元
24.	認識妳的身體	李玉瓊譯	160 元
25.	產後恢復苗條體態	居理安・芙萊喬著	200 元
26.	正確護髮美容法	山崎伊久江著	180 元
27.	安琪拉美姿養生學	安琪拉蘭斯博瑞著	180 元
28.	女體性醫學剖析	增田豐著	220 元
29.	懷孕與生產剖析	岡部綾子著	180 元
30.	斷奶後的健康育兒	東城百合子著	220 元
31.	引出孩子幹勁的責罵藝術	多湖輝著	170 元
32.	培養孩子獨立的藝術	多湖輝著	170 元
33.	子宮肌瘤與卵巢囊腫	陳秀琳編著	180 元
34.	下半身減肥法	納他夏・史達賓著	180 元
35.	女性自然美容法	吳雅菁編著	180 元
36.	再也不發胖	池園悅太郎著	170 元
37.	生男生女控制術	中垣勝裕著	220 元
38.	使妳的肌膚更亮麗	楊　皓編著	170 元
39.	臉部輪廓變美	芝崎義夫著	180 元
40.	斑點、皺紋自己治療	高須克彌著	180 元
41.	面皰自己治療	伊藤雄康著	180 元
42.	隨心所欲瘦身冥想法	原久子著	180 元
43.	胎兒革命	鈴木丈織著	180 元
44.	NS 磁氣平衡法塑造窈窕奇蹟	古屋和江著	180 元
45.	享瘦從腳開始	山田陽子著	180 元
46.	小改變瘦 4 公斤	宮本裕子著	180 元
47.	軟管減肥瘦身	高橋輝男著	180 元
48.	海藻精神秘美容法	劉名揚編著	180 元
49.	肌膚保養與脫毛	鈴木真理著	180 元
50.	10 天減肥 3 公斤	彤雲編輯組	180 元
51.	穿出自己的品味	西村玲子著	280 元
52.	小孩髮型設計	李芳黛譯	250 元

・青春天地・大展編號 17

1.	A 血型與星座	柯素娥編譯	160 元
2.	B 血型與星座	柯素娥編譯	160 元
3.	0 血型與星座	柯素娥編譯	160 元
4.	AB 血型與星座	柯素娥編譯	120 元
5.	青春期性教室	呂貴嵐編譯	130 元
7.	難解數學破題	宋釗宜編譯	130 元

9. 小論文寫作秘訣	林顯茂編譯	120 元
11. 中學生野外遊戲	熊谷康編著	120 元
12. 恐怖極短篇	柯素娥編譯	130 元
13. 恐怖夜話	小毛驢編譯	130 元
14. 恐怖幽默短篇	小毛驢編譯	120 元
15. 黑色幽默短篇	小毛驢編譯	120 元
16. 靈異怪談	小毛驢編譯	130 元
17. 錯覺遊戲	小毛驢編著	130 元
18. 整人遊戲	小毛驢編著	150 元
19. 有趣的超常識	柯素娥編譯	130 元
20. 哦！原來如此	林慶旺編譯	130 元
21. 趣味競賽 100 種	劉名揚編譯	120 元
22. 數學謎題入門	宋釗宜編譯	150 元
23. 數學謎題解析	宋釗宜編譯	150 元
24. 透視男女心理	林慶旺編譯	120 元
25. 少女情懷的自白	李桂蘭編譯	120 元
26. 由兄弟姊妹看命運	李玉瓊編譯	130 元
27. 趣味的科學魔術	林慶旺編譯	150 元
28. 趣味的心理實驗室	李燕玲編譯	150 元
29. 愛與性心理測驗	小毛驢編譯	130 元
30. 刑案推理解謎	小毛驢編譯	180 元
31. 偵探常識推理	小毛驢編譯	180 元
32. 偵探常識解謎	小毛驢編譯	130 元
33. 偵探推理遊戲	小毛驢編譯	180 元
34. 趣味的超魔術	廖玉山編著	150 元
35. 趣味的珍奇發明	柯素娥編著	150 元
36. 登山用具與技巧	陳瑞菊編著	150 元
37. 性的漫談	蘇燕謀編著	180 元
38. 無的漫談	蘇燕謀編著	180 元
39. 黑色漫談	蘇燕謀編著	180 元
40. 白色漫談	蘇燕謀編著	180 元

·健 康 天 地·大展編號 18

1. 壓力的預防與治療	柯素娥編譯	130 元
2. 超科學氣的魔力	柯素娥編譯	130 元
3. 尿療法治病的神奇	中尾良一著	130 元
4. 鐵證如山的尿療法奇蹟	廖玉山譯	120 元
5. 一日斷食健康法	葉慈容編譯	150 元
6. 胃部強健法	陳炳崑譯	120 元
7. 癌症早期檢查法	廖松濤譯	160 元
8. 老人痴呆症防止法	柯素娥編譯	130 元
9. 松葉汁健康飲料	陳麗芬編譯	130 元
10. 揉肚臍健康法	永井秋夫著	150 元

11. 過勞死、猝死的預防	卓秀貞編譯	130 元
12. 高血壓治療與飲食	藤山順豐著	180 元
13. 老人看護指南	柯素娥編譯	150 元
14. 美容外科淺談	楊啓宏著	150 元
15. 美容外科新境界	楊啓宏著	150 元
16. 鹽是天然的醫生	西英司郎著	140 元
17. 年輕十歲不是夢	梁瑞麟譯	200 元
18. 茶料理治百病	桑野和民著	180 元
19. 綠茶治病寶典	桑野和民著	150 元
20. 杜仲茶養顏減肥法	西田博著	170 元
21. 蜂膠驚人療效	瀨長良三郎著	180 元
22. 蜂膠治百病	瀨長良三郎著	180 元
23. 醫藥與生活	鄭炳全著	180 元
24. 鈣長生寶典	落合敏著	180 元
25. 大蒜長生寶典	木下繁太郎著	160 元
26. 居家自我健康檢查	石川恭三著	160 元
27. 永恆的健康人生	李秀鈴譯	200 元
28. 大豆卵磷脂長生寶典	劉雪卿譯	150 元
29. 芳香療法	梁艾琳譯	160 元
30. 醋長生寶典	柯素娥譯	180 元
31. 從星座透視健康	席拉・吉蒂斯著	180 元
32. 愉悅自在保健學	野本二士夫著	160 元
33. 裸睡健康法	丸山淳士等著	160 元
34. 糖尿病預防與治療	藤山順豐著	180 元
35. 維他命長生寶典	菅原明子著	180 元
36. 維他命 C 新效果	鐘文訓編	150 元
37. 手、腳病理按摩	堤芳朗著	160 元
38. AIDS 瞭解與預防	彼得塔歇爾著	180 元
39. 甲殼質殼聚糖健康法	沈永嘉譯	160 元
40. 神經痛預防與治療	木下真男著	160 元
41. 室內身體鍛鍊法	陳炳崑編著	160 元
42. 吃出健康藥膳	劉大器編著	180 元
43. 自我指壓術	蘇燕謀編著	160 元
44. 紅蘿蔔汁斷食療法	李玉瓊編著	150 元
45. 洗心術健康秘法	竺翠萍編譯	170 元
46. 枇杷葉健康療法	柯素娥編譯	180 元
47. 抗衰血癒	楊啓宏著	180 元
48. 與癌搏鬥記	逸見政孝著	180 元
49. 冬蟲夏草長生寶典	高橋義博著	170 元
50. 痔瘡・大腸疾病先端療法	宮島伸宜著	180 元
51. 膠布治癒頑固慢性病	加瀨建造著	180 元
52. 芝麻神奇健康法	小林貞作著	170 元
53. 香煙能防止癡呆？	高田明和著	180 元
54. 穀菜食治癌療法	佐藤成志著	180 元

55. 貼藥健康法　松原英多著　180 元
56. 克服癌症調和道呼吸法　帶津良一著　180 元
57. B 型肝炎預防與治療　野村喜重郎著　180 元
58. 青春永駐養生導引術　早島正雄著　180 元
59. 改變呼吸法創造健康　原久子著　180 元
60. 荷爾蒙平衡養生秘訣　出村博著　180 元
61. 水美肌健康法　井戶勝富著　170 元
62. 認識食物掌握健康　廖梅珠編著　170 元
63. 痛風劇痛消除法　鈴木吉彥著　180 元
64. 酸莖菌驚人療效　上田明彥著　180 元
65. 大豆卵磷脂治現代病　神津健一著　200 元
66. 時辰療法—危險時刻凌晨 4 時　呂建強等著　180 元
67. 自然治癒力提升法　帶津良一著　180 元
68. 巧妙的氣保健法　藤平墨子著　180 元
69. 治癒 C 型肝炎　熊田博光著　180 元
70. 肝臟病預防與治療　劉名揚編著　180 元
71. 腰痛平衡療法　荒井政信著　180 元
72. 根治多汗症、狐臭　稻葉益巳著　220 元
73. 40 歲以後的骨質疏鬆症　沈永嘉譯　180 元
74. 認識中藥　松下一成著　180 元
75. 認識氣的科學　佐佐木茂美著　180 元
76. 我戰勝了癌症　安田伸著　180 元
77. 斑點是身心的危險信號　中野進著　180 元
78. 艾波拉病毒大震撼　玉川重德著　180 元
79. 重新還我黑髮　桑名隆一郎著　180 元
80. 身體節律與健康　林博史著　180 元
81. 生薑治萬病　石原結實著　180 元
82. 靈芝治百病　陳瑞東著　180 元
83. 木炭驚人的威力　大槻彰著　200 元
84. 認識活性氧　井土貴司著　180 元
85. 深海鮫治百病　廖玉山編著　180 元
86. 神奇的蜂王乳　井上丹治著　180 元
87. 卡拉 OK 健腦法　東潔著　180 元
88. 卡拉 OK 健康法　福田伴男著　180 元
89. 醫藥與生活　鄭炳全著　200 元
90. 洋蔥治百病　宮尾興平著　180 元
91. 年輕 10 歲快步健康法　石塚忠雄著　180 元
92. 石榴的驚人神效　岡本順子著　180 元
93. 飲料健康法　白鳥早奈英著　180 元
94. 健康棒體操　劉名揚編譯　180 元
95. 催眠健康法　蕭京凌編著　180 元
96. 鬱金（美王）治百病　水野修一著　180 元
97. 醫藥與生活　鄭炳全著　200 元

・實用女性學講座・大展編號 19

1.	解讀女性內心世界	島田一男著	150 元
2.	塑造成熟的女性	島田一男著	150 元
3.	女性整體裝扮學	黃靜香編著	180 元
4.	女性應對禮儀	黃靜香編著	180 元
5.	女性婚前必修	小野十傳著	200 元
6.	徹底瞭解女人	田口二州著	180 元
7.	拆穿女性謊言 88 招	島田一男著	200 元
8.	解讀女人心	島田一男著	200 元
9.	俘獲女性絕招	志賀貢著	200 元
10.	愛情的壓力解套	中村理英子著	200 元
11.	妳是人見人愛的女孩	廖松濤編著	200 元

・校園系列・大展編號 20

1.	讀書集中術	多湖輝著	180 元
2.	應考的訣竅	多湖輝著	150 元
3.	輕鬆讀書贏得聯考	多湖輝著	150 元
4.	讀書記憶秘訣	多湖輝著	180 元
5.	視力恢復！超速讀術	江錦雲譯	180 元
6.	讀書 36 計	黃柏松編著	180 元
7.	驚人的速讀術	鐘文訓編著	170 元
8.	學生課業輔導良方	多湖輝著	180 元
9.	超速讀超記憶法	廖松濤編著	180 元
10.	速算解題技巧	宋釗宜編著	200 元
11.	看圖學英文	陳炳崑編著	200 元
12.	讓孩子最喜歡數學	沈永嘉譯	180 元
13.	催眠記憶術	林碧清譯	180 元
14.	催眠速讀術	林碧清譯	180 元
15.	數學式思考學習法	劉淑錦譯	200 元
16.	考試憑要領	劉孝暉著	180 元
17.	事半功倍讀書法	王毅希著	200 元
18.	超金榜題名術	陳蒼杰譯	200 元
19.	靈活記憶術	林耀慶編著	180 元
20.	數學增強要領	江修楨編著	180 元

・實用心理學講座・大展編號 21

1.	拆穿欺騙伎倆	多湖輝著	140 元
2.	創造好構想	多湖輝著	140 元
3.	面對面心理術	多湖輝著	160 元
4.	偽裝心理術	多湖輝著	140 元

國家圖書館出版品預行編目資料

解讀命運命碼／郭宗德編著
－－初版－臺北市，品冠文化，2001〔民 90〕
面；21 公分 ──（生活廣場；15）
ISBN 957-468-087-8（平裝）
1. 命運 2.改運法
293　　　　　　　　　　90009615

解讀命運密碼　　ISBN 957-468-087-8

編 著 者／郭 宗 德
發 行 人／蔡 孟 甫
出 版 者／品冠文化出版社
社　　址／台北市北投區（石牌）致遠一路 2 段 12 巷 1 號
電　　話／(02) 28233123・28236031・28236033
傳　　真／(02) 28272069
郵政劃撥／19346241
E - mail／dah-jaan @ms 9. tisnet. net. tw
登 記 證／北市建一字第 227242 號
承 印 者／國順文具印刷行
裝　　訂／嶸興裝訂有限公司
排 版 者／千兵企業有限公司
初版1刷／2001 年（民 90 年） 8 月
初版發行／2001 年（民 90 年） 9 月

定 價／200 元